JN409477

내일이면 집을 지으리

내일이면 집을 지으리

최종호 수필집

수필과비평사

■ 작가의 말

언젠가 책 한 권 내고 싶었습니다.

들꽃처럼 자기만의 빛깔로 살다 가더라도 '나 이렇게 살았노라.'라고 내 아이들에게 글로 남기고 싶었습니다. 처음에는 막연한 꿈이었습니다. 간간이 써 두었던 일기와 독후감, 그동안 끄적거려 놓은 몇 편의 글, 거기에 퇴임하고 나서 가끔 일상을 기록한 내용을 하나로 엮으면 될 것으로 여겼습니다.

지인의 권유로 글쓰기 공부를 해 보니 그동안 써놓은 글을 책으로 엮기에는 부족한 면이 너무 많았습니다. 헌 집을 수리해 본 사람은 차라리 새집을 짓는 것이 낫겠다며 집수리를 말리기도 합니다. 투자한 노력에 비해 결과가 신통치 않을 수도 있으니까요. 예전에 써 놓았던 글에서 보물을 찾듯이 겨우 몇 편만 골라냈을 뿐입니다. 나머지는 최근 몇 년 동안 쓴 글로 채웠습니다.

어쨌든 꿈이 생각했던 것보다 앞당겨졌습니다. 시간이 지남에 따라 이러저러한 이유로 아이스크림 녹듯이 스르르 엷어져 버렸을지도 모르는데 다행이지요. 빗방울이 어디에 떨어지느냐에 따라 지하수로 흘러들기도 하고, 바닷물에 합류되기도 합니다. 우리도 누구를 만나느냐에 따라 인생 항로가 달라질 수 있다는 것을 실감했습니다.

운 좋게도 3박자가 맞아서 일찍 세상에 내놓게 되었습니다. 글쓰기 공부를 권유한 지인, '일상의 글쓰기' 교실에서 전문성을 갖추고 꼼꼼하게 첨삭

지도해 주신 교수님, 지역의 문화 발전과 예술인을 육성하려고 만든 전라남도문화재단의 재정 지원으로 가능했습니다. 모두 고맙습니다. 아울러 변변치 못한데도 편안한 글이라며 응원해 준 아내와 아이들도 빼놓을 수 없습니다.

글을 쓰는 일은 조각가가 나무를 조각하여 작품을 만드는 과정과 비슷합니다. 처음 써 놓은 글을 계속해서 수정, 보완해 나가는 작업이 필요하니까요. 볼 때마다 고칠 곳이 생겨납니다. 여러 번 읽어 보면서 다듬으면 글이 매끄러지고 완성도는 높아집니다. 이런 과정을 거치기에 애착이 가지 않은 작품이 없습니다. 부디 글을 대하며 이면에 숨은 노력까지 생각한다면 내게 작은 위안이 될 것입니다.

어느새 돋보기를 써야 편안하게 글을 읽을 수 있는 나이가 되었습니다. 이십 대 중반에 들어선 교직, 37년 반을 지켜오다 이제 물러납니다. 때맞춰 출판도 하게 되었습니다. 여기까지 올 수 있었던 것은 저 혼자만의 노력이 아니라 동료, 지인, 학부모, 가족 등 여러 사람의 지원과 좋은 인연에 힘입었기 때문입니다. 머리 숙여 고마움을 전합니다. 떨리는 마음으로 부끄러운 책 한 권을 세상에 내놓습니다.

2022년. 여름.

지은이 최종호.

■ 차례

2. 행복을 안겨 준 딱다구리

3. 고기압과 고기 앞

4. 세상 거꾸로 보기

제1부

배려가 낳은 최고의 선물

함께 커 가는 작은 성공
큰 바위 얼굴
인민군의 구구단
말년의 홈런 가문의 영광
레인 체크(rain check)
고양이가 쫓겨난 까닭
때로는 외로운 섬이라서
울고 싶었던 시절
리더의 품격
파도처럼 밀려드는 문제들
배려가 낳은 최고의 선물
교직의 보람
따뜻한 마음으로

함께 커 가는 작은 성공

'어떤 관리자가 될 것인가?' 승진을 앞두고 많이 고민했다. 학교장의 경영 철학에 따라 교육의 방향과 내용이 달라질 수 있어서다. 이뿐만이 아니라 교직원의 역량을 높이고, 협력을 이끌어 내며 즐거운 학교 분위기를 만드는 원동력으로 작용하기 때문이다.

학교의 존재 이유는 올바른 인성과 학력을 키우는 일이기에 기초·기본학력을 높이는 것은 기본 책무이다. 하지만 관리자가 교직원에게 당위성만 강조한다고 되지는 않는다. 지시에 따르는 척하겠지만 열의는 기대하기 어렵다. 그것은 오랜 경험으로 알고 있다. 그보다는 구성원들과 비전을 공유하고, 역량을 키우는 일이 중요하다. 학교장이 지향하는 바와 중요하게 여기는 것에 공감하면 문제를 해결하는데 동참할 것이기 때문이다. 아울러 교사의 역량을 기르는 데 지원을 아끼지 않으면 보람과 긍지를 가지고 즐겁게 교단에 설 것이기에 '동반 성장'이라는 가치를 중심에 두었다.

교감으로 발령받은 곳은 6학급의 작은 학교였는데 교사일 때 그곳에서 근무했던 경험이 있어서 낯설지 않았다. 교직원의 구성은 신규 교사와 퇴임이 얼마 남지 않은 교사까지 다양했다. 부임하기 전에 '혁신 학교'와 '독서토론 선도학교'로 지정되어 있어서 교육과정을 개선해야 하는 큰 과제가 놓여 있었다. 기초학력 부진아가 많아 이를 시급하게 해결해야 할 문제도 기다리고 있었다. 연구력이 있거나 특별한 역량을 가진 교사가 있으면 맡겨두지만 그럴 수 있는 상황이 아니었다.

앞에 놓인 과제와 언젠가는 맞닥뜨릴 거라고 예상하여 연구하고, 공부했기에 큰 어려움은 없었다. 부진아 문제도 교감으로 근무하면서 읽기 능력을 높이는 데 필요한 자료를 개발하고 적용하여 효과를 보았기에 큰 걱정은 하지 않았다. 하지만 생각과 달랐다. 담임들이 자료 활용을 못 하고 있었다. 그도 그럴 것이, 한글을 제대로 익히지 못한 아이에게는 수준에 맞지 않는 자료였던 것이다. '이를 어떻게 해야 하나?' 고민이 되었다. 그러다가 『학교 속의 문맹자들』을 읽고 해결의 실마리를 찾았다.

저자는 청주교육대학교 교수로 부임하기 전 중학교 교사로 근무하면서 읽을 수는 있지만 이해하지 못하는 아이들이 많다는 사실을 알게 되었다. 그 원인은 무엇이며 어떻게 지도할지 고민하고 실천한 내용을 진솔하게 기록해 놓은 책이다. 우리 학교의 문제를 해결하려고 먼저 부진아가 있는 학급의 담임에게 읽기를 권했다. 그런데 차일피일 미루기만 했다. 차선책으로 교감에게 연수를 추진해 보라고 했다. 그런데 저자가 사는 곳이 경기도 동탄이라 먼 곳까지 오기를 꺼려했다. 무엇보다 일회성 연수는 효과가 없다며 배우면서 가르치는 실행 연수를 원했다.

어렵사리 연수가 이루어졌으나 한 번에 세 시간씩 24차시를 무려 7주 동안 진행하는 프로그램이었다. 거의 한 학기 동안 진행되는 연수이기에 나도 개별지도하면서 참여했다. 아이의 인생을 바꾸는 의미 있는 일이기도 하고, 교사도 느린 학습자를 가르치는 기쁨과 보람을 느낄 수 있어서 경영 철학에 부합한 일이었다. 읽기 능력이 우수한 아이들이 학력이 높다는 것은 경험으로 알고 있었지만, 저학년에서 읽기 능력이 성인 문해력으로 이어진다는 것을 공부하면서 새롭게 알게 되었다. 1, 2학년까지의 초기 문해력이 그만큼 중요한 것이다. 그 연수만으로는 갈증이 채워지지 않았다. 시작에 불과했다. 문해력의 하위 요소에는 글자를 아는 것뿐만 아니라 정확하게, 그리고 유창하게 읽기를 비롯하여 어휘력과 읽기 이해력까지 여러 영역이 있다. 전문성을 갖추려면 많은 공부가 필요할 것 같아 이러저러한 연수를 안내하고 추진했다.

문해력에 관심을 쏟은 지도 6년이 흘렀다. 동료 선생님은 이제 흩어졌지만, 그때 공부했던 것을 발판 삼아 지금도 모두 꾸준히 개별지도하고 있으며 전문성을 키워가고 있다. 아울러 팀을 이루어 교사와 학부모 연수에 강사로 활동한다. 두 젊은 여선생님은 청주교대 대학원에서 2년 동안 초기문해력 공부를 하고 돌아와 도교육청의 '기초학력 지원센터'에서 일하고 있다. 남은 이도 '난독증 전문가 자격증'을 취득하느라 바쁜 나날을 보내고 있다.

'동반 성장'이라는 가치를 중요하게 여긴 것은 잭 웰치의 『위대한 승리』를 읽고 나서다. 그는 부실한 기업이었던 제너럴 일렉트릭(Gineral Electric, GE)을 맡아 탁월한 리더십으로 큰 성과를 낸 전설적인 경영인이다. 상사가 중간 간부에게 리더십 훈련을 잘해야 그가 물러나더라도 지도력을 제대로 발휘하여 지속 가능한 회사를 만들 수 있기에 기회 있을 때마다 실천한 인물이다. 늘 멀리 보고 아랫사람을 키웠던 것이다.

'교육은 교사의 질을 능가할 수 없다'는 말이 있다. 교사를 변화시켜야 하는 중요한 이유다. 혁신학교 컨설팅을 가서 선생님의 이야기를 듣다 보면 공통적으로 피로감을 호소한다. 체험 학습과 색다른 행사가 많은 것과는 대조적이다. 처음에는 교사도 그 기쁨에 동참하지만, 차츰 힘들어지기에 동력이 떨어지기 쉽다. 이런 점을 예상하여 '동반 성장'을 중요한 가치로 생각했다. 그렇기에 지금까지 같이 공부하고, 활동을 이어갈 수 있었다. 이들은 지금도 그렇지만 앞으로도 느린 학습자를 못 본 체하지 않고 그들의 아픔을 덜어주고자 노력할 것이다. 문해력 신장에 전문적인 역량과 선한 마음을 가졌기 때문이다. 나는 이들이 그렇게 할 수 있도록 이끌었기에 학교장으로서 작은 성공이라 말하고 싶다.

큰 바위 얼굴

교직에 발을 들여놓은 지 37년이 다 되어 간다. 이제는 퇴직을 앞두고 있다. 교육계에서 커다란 나무가 되지는 못했지만 이만큼이라도 자랄 수 있었던 것은 여러 사람에게 직간접으로 영향을 받았기 때문이리라. 과거로 시간 여행을 떠나 보니 존경스러운 사람이 둘인데 그중 한 분이 이오덕 선생님이다. 우리말 바로 쓰기의 선구자로 알려졌지만, 내게는 어떤 마음으로 교단에 서야 하는지 아이들에게 글쓰기는 어떻게 하는지 가르쳐 주신 분이다.

이분은 교사 초년병 시절에 책으로 만났다. 그즈음 경상북도 청송에서인가 교장이었던 것으로 기억한다. 관리자가 되었지만 가르치는 일이 좋아 다시 교단에 선 특이한 이력도 있다. 30년도 더 넘은 일이라 가물가물하지만 '교육자는 이런 마음으로 교단에 서야 하는구나!' 라고 생각했다.

그가 쓴 『이 아이들을 어찌할 것인가?』는 교사가 왜 바르게 생각해야 하는지 깨닫게 했다. 예를 들면 소풍 가는 날 점심은 당연히 하부

모회에서 준비해 오는데 이는 잘못되었다는 것이다. 어른 중심의 행사라는 생각은 했으나 더 깊이 파고들지는 못한지라 신선한 충격이었다. 점심시간이 되면 돗자리를 넓게 펴고 가운데에다 차린 음식을 학부모와 교직원이 둘러앉아 질펀하게 먹는다. 아이들은 주로 김밥을 가져오기 때문에 일찍 먹어 버리고 시끄럽게 떠들어대며, 선생님의 식사가 끝나기만을 기다린다.

점심시간은 계획한 것보다 빨리 시작하고 늦게 끝나기 일쑤여서 어른들은 좋지만 아이들은 지루할 수밖에 없다. 보통은 밥을 먹고 전교생이 한자리에 모여 장기 자랑을 하며, 그다음은 보물찾기 시간이라 보챈다. 안달하는 아이들 때문에 빨리 진행하려고 해도 학부모와 교직원의 눈치가 보인다. 소풍날은 당연히 그러리라고 생각하는데 혼자서 눈에 띄는 행동을 하기도 쉽지 않다. 모처럼 야외로 나온지라 여러 가지 계획이 있지만, 생각만큼 녹록지 않다. 학급별 활동이라고 해야 고작 점심을 먹기 전에 잠깐 할 뿐이다. 이마저 빨리 오라고 부르면 계획과 많이 틀어지니 난감하다.

이런 폐해는 교사 자신이 점심을 싸 오고, 아이들과 함께 먹으면 해결된다. 그러면 학부모에게 부담이 없을뿐더러 아이들과 활동할 시간이 많아 의미 있는 소풍이 될 수 있다. 그러려면 전교생이 함께 활동하는 것보다는 학년별, 학급별로 가야 한다. 지금은 당연한 일이지만 당시로선 뚜렷한 소신이 있는 사람이 아니고서는 생각할 수 없는 일이다. 불합리한 관행을 당연한 것으로 알고 있는 교직 사회에서 바르게 살아가려니 고민이 많았을 것이다.

또 다른 기억도 있다. '어느 학교에나 있는 동상이 교육적으로 꼭 필요한 것인가?' 하는 문제를 제기한 것이다. 지금은 거의 볼 수 없지만, 그 시절은 '나는 공산당이 싫어요.'라고 외쳤다던 이승복 상이 교내에 있었다. 반공 교육을 강조하던 시절이라 자칫 잘못하면 감시의 대상이 되고 잡혀가기도 해서 함부로 얘기할 수 없었다. 그런데도 그분은 초등학교에 동상을 세워 반공 교육을 시키는 것이 옳지 않다고 말했다.

경상남도에서 근무하면서 겪은 얘기다. 첫 임지가 거제도였는데 2년 반 뒤에 하동으로 옮겼다. 동창과 같은 학교에서 근무하는데 하루는 가까이 있는 학교로 친목 배구를 하러 갔다. 시간이 있어 함께 둘러보다가 문제의 동상을 가리키며 아이들 교육에 꼭 필요하냐고 물었다. 그녀는 내 생각에 전혀 동의할 수 없다며 정색했다. 말이 안 통해서 더는 거론하지 않았다. 지금은 이승복 동상은 보기 힘들다. 하지만 '독서하는 소녀상'은 아직 남아 있다. 이를 보면서 '얼마나 교육적인 효과가 있을까?'라고 늘 되묻는다. 남들이 당연하게 여기는데도 다시 생각해 보는 것은 그분이 내게 미친 선한 영향력 때문일 것이다.

그는 올곧은 교직자였을 뿐만 아니라 아이들의 글쓰기 지도에도 탁월한 선생님이었다. 그 당시 교과서에 실린 시는 모두 어른이 동심으로 돌아가 쓴 것인데 어린이가 쓴 시와 구분을 짓지 않아서 아이들한테 동시를 쓰라고 하면 어른의 흉내를 낸다. 따라서 아이들이 쓰는 시는 어린이 시라고 해야 한단다. 이를 알고부터는 구분해서 가르쳤다. 『어린이는 모두 시인이다』, 『삶을 가꾸는 글쓰기 교육』, 『일하는 아이들』, 『나도 쓸모 있을걸』 등을 읽은 덕분에 좋은 시를 가려낼 수 있었고, 시 공부하는 시간이 오면 즐거웠다. 또, 한 해가 지나면 아이들이 쓴 글을 모아 학급 문집을 펴내고 학급 신문을 만들기도 했다.

그분은 교직의 첫발을 내딛는 시기에 내게 큰 바위 얼굴이었다. 그동안 잊고 지냈는데 교직을 마무리 하는 시점에 생각해 보니 그분의 가르침이 내게 적지 않은 영향을 미쳤다. 내가 교장으로 승진하자 잘 아는 후배가 『이오덕 일기』 세트를 선물했다. 그와는 햇병아리 교사 시절에도 이분의 얘기를 많이 나누었던지라 큰 나무를 보며 교장 노릇을 하라는 뜻이었을 것이다. 열심히 읽고 교장실 서재에 보관하다 나를 따르는 젊은 교사에게 선뜻 내주었다. 내가 존경했던 분이니 그의 올곧은 길을 따르라는 뜻에서다. 아쉽기는 하지만 잘했다는 생각은 변함없다. 그의 선한 영향력이 계속 이어질 테니까.

인민군의 구구단

날마다 점심을 먹고 나서 한 시 반쯤이면 교장실에 어김없이 나타나는 녀석이 있다. 바로 인민군이다. 부족한 읽기 공부를 보충해 주려고 3월부터 지금껏 가르치고 있다. 한동안 공부 끝나고 교장실을 나서면서 인민군처럼 손을 이마에다 대고 거수경례하는 모습이 하도 우스워서 속으로 붙인 별명이다. 그것도 여자애가. (이렇게 말하면 양성평등에 어긋나겠지?)

10월 초순이었다. 교무실에서 이야기를 나누던 중에 교무행정사가 "그 녀석은 국어는 좋아하는데 수학 공부는 싫어한다."는 것이었다. 구구단도 외우지 못한단다. 유창하게 읽는 공부를 가르치면 되었지, 수학까지 신경 쓰고 싶지는 않았다. 그냥 담임에게 맡겨 두고 싶었다. 그런데 자꾸 마음에 걸렸다. '초기 문해력이 보통 학력 이상으로 향상되더라도 기초 연산이 낮으면 결국 학습 부진을 면하지 못해.' 생각이 여기에 미치자 시기적으로 더는 미룰 수 없었다.

며칠 뒤, 읽기 공부를 마치고 구구단을 외워 보라고 했더니 수학 공부가 싫단다. 자신 없는 목소리로 "꼭 외워야 해요?" 하면서 꺼리는 눈치다. 도와준다며 잘못해도 괜찮다고 안심시켰다. 무려 4분 가까이 걸렸다. 그것도 도와주니까 가능했다. 예를 들면 어느 대목에서 막히면 두 수의 곱과 답을 화이트보드에 써 주면서 "여기에 같은 수를 더하면 얼마지?" 하는 식이다. 한마디로 반은 외웠고, 나머지는 덧셈을 하게 한 셈이다.

이대로 그냥 두면 안 되겠다는 생각이 들었다. "두 달 안에 너희 반에서 구구단을 제일 잘하도록 도와줄게. 그러면 3학년에 올라가서 수학 공부는 1등 할걸" 안 믿는 눈치였다. "두고 봐, 내가 거짓말하는 거 봤냐?" 다음 날부터 읽기 공부를 시작하기 전과 끝나고 나서 한 번씩 구구단을 외우도록 도와주었다. 연산에 기초가 되는 가르기와 모으기, 합하여 10이 되는 수, 뛰어 세기 등도 함께 가르쳤다. 처음에는 매우 느려서 답답했으나 내색하지 않았다. 오히려 누구나 처음에는 이런 과정을 겪는다고 위로해 주었다.

3주일쯤 지나자 혼자서도 도움 없이 천천히 할 수 있게 되자 집에서도 연습하면 좋을 것 같았다. 2학년 중에 핸드폰을 가지고 다니는 유일한 녀석이라 이것을 활용하도록 숙제를 내주었다. 녹음하고 파일을 보내는 방법을 가르쳐 주었더니, 그 자리에서 내게 보내는 연습까지 했다. 그도 그럴 것이 핸드폰만 가지고 다녔지, 유용하게 활용하는 방법은 몰랐던 것이다.

그날부터 저녁에 아이와 소통이 시작되었다. 처음 한두 번은 기다리는데도 소식이 없자 "왜 아직도 숙제를 안 하냐?"라고 전화했더니, 그다음부터는 파일을 보내놓고 "왜 아직도 확인을 안 해요?" 한다. 한번은 토요일 저녁이었는데 밥을 먹다가 녀석의 전화를 받고 보내온 녹음 파일을 들었다. 그랬더니 큰아들이 막 웃으며 "아빠, 무슨 소리예요?"라고 한다. 뜬금없이 전화기에서 구구단 소리가 나와서 황당했나 보다. 이제는 저녁에 전화벨 소리가 나면 그 녀석인지 모두 안다.

9단까지 외우는 속도가 2분이 채 걸리지 않기에 스케치북에 날짜별로 속도를 기록할 수 있도록 표를 만들었다. 그러자 하루가 다르게 빨라졌다. 그렇게 불과 며칠밖에 지나지 않았는데 당초 목표한 1분 이내에 외웠다. "한 번 잘한 것은 운이지, 자기 실력은 아니야." 다음 날부터는 세 번 재서 모두 합격하면 인정해 주겠다고 했다. 며칠이 지나가 이마저 쉽게 도달하고 말았다. 당연히 재미있게 외우고 즐겁게 숙제한 덕이다. 시작할 때만 해도 힘들어하고 좀처럼 나아질 기미가 안 보여서 답답하기 짝이 없었는데 목표에 도달하자 아이의 표정과 목소리가 달라졌다.

며칠 전에는 이런 일도 있었다. 구구단을 외우고 나서 글 읽는 속도를 재려고 아이에게 책을 펴게 했다. 나는 핸드폰 스톱워치 앱을 활성화해 놓고 버튼을 누르며 "시작" 했더니, "이 일은 2, 이 이 4, 이 삼은 6……." 숨도 안 쉬고 하는 것이다. 나도 모르게 웃음이 나왔다. 녀석은 멋쩍어하며 "구구단이 입에 붙었어요."라고 한다. 한참이나 같이 웃었다.

기초학력 전문가들은 2학년 말 구구단 외우기 실력이 3학년 이후의 수학과 성취도를 가늠한다고 한다. 그만큼 중요하다는 이야기다. 외웠더라도 자동화시키지 않으면 이후 학년부터 문제가 생긴다. 곱셈과 나눗셈은 물론 도형의 넓이와 부피, 최대 공약수와 최소 공배수, 통분, 분수의 덧셈과 뺄셈, 비와 비례식 등 구구단과 관련된 영역의 문제를 해결할 때 시간도 오래 걸리고 정확성도 떨어진다. 자연히 자신감이 떨어지기 마련이다. 그러면 기초 연산은 물론 문장제는 더더욱 해결하기 어렵다. 수포자(수학 포기자)가 달리 생기는 것이 아니다. 3학년 되기 전에 구구단을 유창하게 외우지 못하면 그렇게 된다고 해도 과언이 아니다.

경험으로 그런 사실을 잘 알기에 우리 학교는 학년별 구구단 유창성 기대 목표를 제시했다. 학년말을 기준으로 2학년은 1분, 3학년은 55초, 4학년은 50초, 5학년은 45초, 6학년은 40초 이내다. 내가 교감으로 발령받았을 당시 기초 학력이 부족한 아이들이 많았는데, 이 기준으로 수학과 학력을 높인 경험이 있다. 그래서 승진해서도 근무하는 학교에 이를 적용하고 있으나 아직까지 별문제 없다. 기초 학력 컨설팅에 가면 꼭 실천하도록 권장한다.

엊그제 전교생 구구단 유창성 검사를 지시했다. 2학기 들어 두 번째다. "너보다 잘한 녀석도 있냐?" 당연히 없을 것으로 생각하고 물었다. 그런데 49초에 외우는 녀석이 있다며 엄마가 지옥 훈련을 시킨단다. 그러면서 그를 좋아한다고 덧붙인다. "네가 더 빨리 외우면 그 녀석도 널 좋아할걸." 동기부여가 되었는지 도전해 보겠단다. 금요일 저녁에 파일을 보내왔는데 44초였다. 거의 숨도 안 쉴 뿐만 아니라 발음도 뭉갰다. 빨리 외우려면 그럴 수밖에 없다는 것을 잘 알기에 그마저 즐겁다.

이제 이 아이는 문해력과 수해력에서 문제가 없을 것이다. 그런데 한 가지 고민이 생겼다. 이제 오지 않아도 된다고 여러 번 말했는데도 그때마다 싫다고 한다. 계속 나랑 같이 공부하고 싶단다. 목표에 도달했으니 이제 나도 좀 쉬고 싶다. 또, 내년에는 다른 아이도 봐주어야 해서 계속 이 녀석만 가르칠 수는 없는 노릇이다. 하지만 어쩌겠는가. 절실히 원한다면 일주일에 한두 번이라도 동화책으로 읽기 능력을 키워줄 생각도 있기는 하다. 같이 공부하고 싶다는데 끝까지 싫다고 거절할 수는 없지 않겠는가! 즐거운 고민이 아닐 수 없다.

말년의 홈런 가문의 영광

'카톡, 카톡, 카톡……' 관내 초등 교장 단톡방을 시작으로 여기저기서 축하 메시지가 날아들었다. 제41회 전라남도교육상 수상 대상자를 알리는 공문이 학교에 도착하고 나서다. 고맙다는 말과 함께 '성실하게 자기 책임을 다하고, 묵묵히 교단을 지키는 분들을 뒤로하고 내가 나서게 되어 부끄럽다.'는 내용의 답신을 보냈다. 박수를 보내는 분의 마음 한구석에는 분명 부러움도 없지 않을 테니까.

이 상을 받을 거라고 그다지 큰 기대는 하지 않았다. 교육청에서 내로라하는 직책을 맡은 경험이 있거나, 학교에서 가시적인 큰 업적을 쌓은 것도 아니기 때문이다. 매년 수상자 명단이 공문으로 오는데, 도교육청에서 굵직한 직책을 맡았던 이들이 많아서 흔히 하는 말로 '그들만의 리그'로 치부했다. 그래서 추천하라는 공문이 왔지만 내용도 보지 않고 넘겨 버렸다.

토요일이었다. '전남 문해력 향상 연구회' 회원과 통화하는 중에 "교장 선생님의 성정으로 보아 미리 아시면 반대할 것 같아서 우리끼리 비밀리에 추진하는 일이 있습니다."라고 하면서 공적 조서를 다 써 놓았다고 했다. 그러면서 파일을 보낼 테니 확인해 보면 좋겠다는 말을 덧붙인다. "공적 조서 쓰는 것이 보통 일이 아니잖아요?"라고 했더니 전임지에서 같이 근무했고, 함께 문해력 공부를 계속해 와서 나를 잘 아는지라 큰 어려움은 없었다고 했다.

월요일에 출근해서 보내온 파일을 열어보니 항목별로 공적 사항을 자세하게 기록해 놓았다. 내가 마음먹었더라도 그렇게 쉽지는 않았을 것이다. '되지도 않을 것인데 괜히 고생한 것 아니야?' 하지만 증빙 자료까지 건네받았으니 그 성의를 봐서라도 보낼 수밖에 없었다. 본인의 일도 그렇게 하기는 어려울 텐데, 챙겨 주는 마음이 너무나 고마웠다.

추천 자료를 보내고 2주가 지났을 무렵, 군 교육상 표창 계획이 공문으로 왔다. '결과만 기다리다 꿩도 매도 다 놓치는 것 아니야!' 언제쯤 결과를 알 수 있는지 교감에게 알아보라고 했더니, 3주는 더 기다려야 한단다. 이왕 써 놓은 공적 조서와 증빙 서류를 활용하면 둘 중 하나는 될 성싶어 지역 교육청에도 보내라고 했다.

발표 날짜가 다가오자 결과가 더욱 궁금했다. 드디어 교육청에서 수상 대상자로 선정되었다는 전화가 왔는데 우선 혼자만 알고 있으란다. 속으로 쾌재를 불렀다. 업무 담당자도 "심사위원회를 통과했지만, 최종 결재가 남아 있어서 당분간 비밀로 해 주십시오."라면서 수상 소감과 사진 파일을 빨리 보내란다. 아내와 함께 참석해야 한다는 말도 강조했다.

이틀 뒤에 공문이 왔다. 점심을 먹고 학교 주변을 산책하고 있는데 전화가 왔다. 선생님들이 기다린다는 말에 서둘러 갔더니 언제 준비했는지 현수막을 붙여 놓고 꽃다발을 건네며 축하해 주었다. 교직원 모두가 자신이 받은 것처럼 기뻐해서 고마웠다.

수상식이 있는 날, 작은아들과 아내, 나 셋이서 도교육청으로 출발했다. 큰아들은 참석이 어렵다더니 출장을 내고 오는 중이라고 했다. 현관에 들어서자 명예의 전당에 수상자를 소개한 현수막이 크게 걸리고, 담당 장학사가 반갑게 맞아 주었다. 5층에 있는 교육감 접견실로 올라가기 전 엘리베이터 앞에서 팀장인 장학관이 "기초 학력 향상에 노력한 공적이 크게 작용했습니다."라고 귀띔해 주었다.

안내 직원을 따라 들어서니, 앞에는 무궁화가 그려진 큰 액자가 걸리고, 가운데는 웅장한 안락의자가 놓여 있었다. 먼저 도착한 우리는 안쪽에 앉았다. 잠시 후 다른 수상자들도 하나둘 자리를 채우고, 간부들도 들어와 인사했다. 교육감도 배석하여 차담을 나누는데 다른 사람은 그와 잘 아는 것 같았다. 나만 초면인 듯하여 작년 6월, 학교 방문 때 만났던 인연을 말했더니 반가워했다. 그러나 분위기는 전반적으로 서먹하고 무거웠다.

차담 시간은 예정보다 길어져 자꾸 시계를 보았다. 드디어 행사 준비가 되었다는 신호에 모두 명예의 전당으로 향했다. 1층에는 도교육청 직원들이 많이 모여 있었다. 낯익은 직원들이 다가와 반갑게 축하 인사를 했다. 주변이 정리되자 업무팀장의 사회로 다섯 명의 이름이 새겨진 동판을 교육감과 수상자 대표가 헌액한 뒤, 돌아가며 기념 촬영을 했다. 그런 후 곧바로 시상식 장소로 갔다.

넓은 대강당 앞에는 다섯 명의 시상자 부부, 가운데 앞쪽에는 교육감과 간부들의 자리가 마련되어 있었다. 그 뒤에는 축하객이 앉았다. 꽃다발 증정, 교육감 치사, 상패 수여로 진행되었다. 동판에 수상자의 얼굴이 새겨진 상패가 인상적이었다. 마지막으로 수상 소감을 발표했다. 미리 준비해 두었으나 엄숙한 자리라서 떨렸다. 시상식은 생각보다 성대하게 진행되었으며 기념 촬영을 마지막으로 모두 끝이 났다.

지금껏 상복이 없는 편이었다. 교직 십 년 정도의 중견 교사가 되면 으레 한 번씩 받는 스승의 날 표창 하나도 없다. 연구 대회에서 입상하여 내 노력으로 얻은 교육부 장관상을 제외하면 교육감상이 전부다. 가까운 지인이 '모범 공무원' 표창을 받는 걸 보면서 부럽기도 했다. 수상은 자신이 잘해서이기도 하지만 챙겨 주는 관리자를 만난 운도 있어야 하는 걸 알기 때문이다. 교감 시절, 이를 안타깝게 여긴 교장이 내가 승진 발령이 나자 학교를 방문했다가 당시 교감에게 장관상을 추천하도록 특별히 부탁했다. 그로부터 7년이 지나, 이제 평생을 일해온 교단에서 6개월 후면 퇴임할 이 마당에 그 교감이 잊지 않고 추천해서 오늘의 결과를 낳았다.

돌아오는 길에 작은아들이 "아빠, 가문의 영광이네요."라고 하자,

아내도 "당신, 말년에 홈런 쳤네."라며 거들었다. 37년의 교직 생활이 녹록지 않았는데 한꺼번에 보상받은 느낌이었다. 며칠 뒤에 소식을 안 교직 선배에게 축하 전화가 왔다. "교육국장을 거쳐 간 사람이 거의 다 이 상을 받았어."라고 했다. 권위 있는 상인 만큼 교육청에서 요직을 거쳐 간 분들에게 많이 돌아간 것이 사실이다. 행정직으로 나가지 않고 아이들 곁에서 성실하게 자기 책임을 다한 사람도 받을 수 있도록 변화한 것은 현 교육감 체제가 들어서면서부터다. 교육감을 비롯한 도교육청 관계자, 심사위원 모두가 고맙다. 무엇보다 함께 공부하고 실천했던 문향회 회원들, 공적 조서를 쓰고 증빙 자료까지 챙겨 준 그분께 마음속 깊이 감사드린다.

레인 체크(rain check)

'교육의 질은 교사의 질을 넘어서지 못한다.'라는 격언이 있다. 교사 수준이 곧 교육의 질과 직결된다는 뜻이다. 엊그제 내부 전산망인 업무관리 시스템에 '다가감 벚꽃제 행사 추진 계획'이 올라왔다. 올해 6회째를 맞이한다. 4월 초가 되면 교정에 피는 벚꽃이 주변 환경과 어우러져 참 예쁘다. 이를 교육적으로 활용하면 좋겠다는 뜻에서 시작했을 것이다.

그런데 프로그램을 보고 깜짝 놀랐다. 오전 네 시간 동안 퀴즈 대회, 장기 자랑, 다행시 짓기(2학년은 2행시, 3학년은 3행시), 보물찾기로 채워졌기 때문이다. 기대와는 너무 달랐다. 교육과정과 관련 있는 흥미로운 경험을 하면서 공부도 되는 내용을 계획해야 하는데 아이들의 재미만 좇아서다. 결재를 할지 말지 판단이 서지 않았다. 학생들이 엊그제 체육관에서 다모임(전교학생회)을 열어 행사를 어떻게 할 것인지 의논하는 것을 보았다. 교사들도 업무 담당자를 중심으로 의논했을 것인데 그 계획을 무시해 버리는 것은 옳은 처사가 아닌 것 같았다.

켄 블랜차드가 쓴 『칭찬은 고래도 춤추게 한다』에서 '뒤통수 치는 관리자가 되어서는 안 된다.'라는 내용의 글을 읽었던 기억이 떠올랐다. 사전에 협의하고 의사를 전달해야지, 사후에 아랫사람의 잘못을 지적하고 닦달하면 최악이라는 것이다. 일찍 담당자를 불러 내 의중을 전달하고 어떻게 되어 가는지 물었더라면 이런 일은 없었을 것이다. 내게도 일부분 책임이 있는 것 같아 일단 결재했다.

학교를 옮겨 와서 처음 이 행사를 맞닥뜨렸을 때는 행사를 어떻게 추진할 것인지 의견을 묻고 조정했다. 사진 찍기와 시 쓰기 등 교육과정에 나오는 내용을 행사와 연계하고 좋은 작품은 학교 현관에 새롭게 마련된 '작은 갤러리'(사진이나 미술품을 전시할 수 있도록 새롭게 고쳐 만든 장소 이름)을 활용하기로 담당자와 의견을 조율했다.

저학년은 담임과 함께 말린 꽃으로 압화를 만들어 보는 체험을 했다. 중학년은 광양에서 활동하는 동화 작가를 초청하여 시 쓰기를 배우고 시화를 꾸몄다. 고학년은 사진 기자로 활동하다 퇴직한 분(지금은 우리 지역에서 커피농장 운영)에게 사진 찍는 방법을 배웠다. 아이들이 만들어 낸 결과물 중에서 선별하여 선보였더니 모두 좋아했다.

작품은 보통 한 달 반에서 두 달 동안 전시한다. 너무 길어지면 흥미와 관심을 끌지 못해서다. 날마다 현관을 드나들면서 보는 재미가 쏠쏠하다. 직원들도 만족했다. 교과서에 나오는 동서양의 명화(크기에 맞게 주문 제작한 작품)나 초대 작가의 그림을 감상하는 즐거움도 있지만, 아이들의 작품으로 채우니 색다른 맛이 났다. 이곳이 좋은지 하교 시간이 되면 현관에서 통학차 탈 시간까지 기다리기도 했다.

작년에 경험한 일이어서 올해는 더 발전시킬 것으로 믿었는데 기대에 미치지 못했다. 다음날 교감과 교무 부장을 불렀다. 실망감을 내비치자 자치활동의 의미를 살리다 보니 그렇게 되었단다. "전임 학교에서는 교사의 개입이 많아 의견을 잘 내지 않았는데 우리 학교에서는 아이들이 적극적으로 참여해서 신선했습니다."라는 얘기가 변명처럼 들렸다. "아이들의 의견도 중요하지만 교육적인 의미와 효과를 살릴 수 있도록 교사의 역할이 필요하지 않나요?"라면서 목소리를 높였다.

듣고만 있던 교감이 교무 부장을 보며 다음에는 사전에 교장 선생님과 얘기를 나누는 것이 좋겠단다. "그런 의도에서 말한 것이 아니라 행사를 계획하려면 교사들이 진지하게 협의하는 과정이 있어야 합니다."라며 교육과정과 연계하는 것을 놓쳐서는 안 된다는 것을 강조했다. "계획을 다시 짤까요?"라고 물어서 그냥 추진하는 것이 좋겠다고 하니 다음부터는 더 세심하게 검토하겠단다.

며칠 뒤에 담당 교사가 교장실을 찾았다. 얘기를 전해 들었다며 계획을 수정, 보충하겠단다. 자신은 저학년 담임이어서 다모임에 참석하지 못했고, 진행 담당자와 소통이 원활하지 못했다고 했다. '이왕에 전시 공간을 만들었으니 활용하는 것이 좋겠다. 아이들의 작품 전시회가 한 학기에 한 번은 필요하지 않느냐? 이번 다가감 벚꽃제는 그 의미를 살리지는 못했더라도 개교기념일을 계기로 해 보는 것이 어떻겠느냐?'라고 제안했더니 고개를 끄덕였다.

이것으로 일단락된 것으로 알았다. 그런데 이틀 뒤에 담당 교사가 다시 교장실을 찾았다. 선생님들과 의논해서 고학년은 시(다행시도 가능)를 쓰고, 저학년은 강사를 불러 꽃으로 장신구 만들기를 하겠단다. 시를 쓰는 시간이 부족할 것 같아 사전에 담임이 지도하고 당일에는 캘리그래피 강사를 초청하여 예쁘게 글씨 쓰는 것도 배우겠다고 했다. 쓴 시에 그림도 그려 넣어 작품의 완성도를 높일 계획이라며 전시도 하겠단다. 교장실을 나서기 전에 "행사를 계기로 서로 커가는 기회로 만들자."라며 격려했다.

오래전에 읽었던 이종선의 『따뜻한 카리스마』에 나오는 이야기다. 다른 사람의 부탁을 거절할 때 레인 체크(rain check)를 활용하란다. 본래 뜻은 경기 중에 비가 와서 더 이상 진행이 어려우면 다음 경기를 관람할 수 있도록 우대해 주는 것이다. 들어주기 곤란한 부탁을 하면 이번에는 어렵다면서 상대가 오해하지 않도록 부드럽게 거절하는 것이 곧 생활 속의 레인 체크란다. 그래야 끌리는 매력을 잃지 않고 관계를 이어 갈 수 있다는 것이다.

이번 계획은 부족했더라도 다음에는 핵심을 놓치지 말자고 한 레인 체크가 효과를 발휘한 듯하다. 내용이 부실하다고 얼굴을 붉히고 바꾸라고 했더라면 자발적인 노력은 물론이요, 자기 성찰도 기대할 수 없었을 것이다. 학교는 크고 작은 행사가 많다. 감염병이 우려되어 생략하거나 축소했지만, 모두 없앨 수는 없다. 학생의 자치와 자율도 물론 중요하다. 하지만 교사는 늘 목적을 염두에 두어야 한다. 학생의 의견을 존중하되 본질을 놓치지 않는 것이 바로 학생 중심 교육과정이다. 이번 일을 계기로 행사를 추진하려면 교사가 어디까지 참여하고 어떻게 교육과정과 관련지을지 많이 고민할 것이다.

고양이가 쫓겨난 까닭

책을 많이 읽지 않는 편이라 취향이라고 할 것도 없지만 종류별로 잘 정리된 서점에서 몇 권을 고르라면 어렵지 않을 것 같다. 소설보다는 비소설에 눈길이 더 갈 것이기 때문이다. 예전에는 자기 계발서에 관심이 있었으나 최근에는 문해력 향상과 관련한 서적이나 인문학 교양서를 가까이한다.

소설도 포함해야 한다면 여러 권으로 된 대하소설보다는 단행본 장편을 집어 들 것이다. 권수가 많거나 두꺼운 책을 만나면 부담이 된다. 읽는 속도가 느린 편이어서 줄거리를 따라가며 읽어야 하는 긴 호흡의 책은 이해가 더디다. 단숨에 읽어야 할 책을 며칠씩이나 붙잡고 있으니 앞부분과 연결이 잘 안 되면 되돌아가야 한다. 그러다 보니 잘 알려진 책도 많이 읽지 못했다.

글 읽는 속도 때문에 어려움을 느낀 것은 고등학교에 다니면서다. 시험이 끝나고 학교에서 단체로 영화를 보러 갔다. 시작한 지 채 10분도 지나지 않아 잠들어 버렸다. 자막의 내용을 다 읽지도 않았는데 화면이 바뀌어 내용을 이해할 수가 없었다. 웃음소리가 크게 나거나 박수 소리가 들리기라도 하면 깨어나 두리번거려 보지만 맥락을 알 수 없으니 혼자 머쓱할 뿐이다. 그럴 때마다 자존심이 상했지만 누가 알까 봐 중간에 나올 생각은 하지 않았다. 오로지 영화가 끝나기를 바라며 시간을 보냈다. 그러니 사람들이 '닥터 지바고', '전쟁과 평화', '바람과 함께 사라지다'를 명화라고 해도 끼어들 수가 없었다. 그보다는 성룡이 주인공으로 나오는 '취권'이나 소림사를 배경으로 한 무술 영화가 재미있어 주말에는 친구와 자주 보러 다녔다.

아내는 이해력이 부족해 영화를 별로 좋아하지 않는 나와는 다르다. 휴일은 물론이요 평일에도 자주 본다. 가끔 재미있는 영화라며 강력하게 권하면 못이기는 척하며 응하지만 영화를 보면서 간간이 졸지는 않는지 확인한다. 수년 전에 박진감 넘치는 영화를 보러 갔는데 옆에서 코를 골며 자더란다. "액션 영화 '미션 임파서블 2'를 보면서 자는 사람은 당신밖에 없을 것이다."라고 지금도 가끔 놀린다. 좋아하지는 않지만 영화관보다는 집에서 보는 것이 더 편하다. 이해가 잘 가지 않는 장면이 나오면 잠시 멈춤을 하고 앞부분의 줄거리를 말해 주라고 할 수 있어서다. 이런 결과는 글 읽는 속도가 느려서일 거라고 짐작한다.

문해력을 공부하면서 알게 되었지만 글을 유창하게 읽게 하려면 특별한 지도와 많은 노력이 필요하다. 물론 학년이 올라가면서 발달하기도 하지만 그렇지 않는 아이도 있다. 나는 후사 쪽이었던 것 같다.

초등학교 2학년 때 일이다. 담임 선생님은 공부가 끝나면 반장, 부반장, 분단장을 남도록 했다. 우리에게 글을 연습시켜 다음 날 아이들 앞에서 국어책을 읽게 하려는 것이다. 밤새 서로 볏단을 가져다 놓은 '의로운 형제' 이야기가 지금도 어렴풋이 떠오르는 것은 그 때문이다. 유창하지는 못했지만 또박또박 읽은 것은 분명하다.

예전에 라디오에서 들은 이야기가 생각난다. 어느 날 작가는 큰 소리로 야단맞으며 쫓겨난 고양이 한 마리를 지켜보았다. 그는 '왜 그랬는지'를 생각하고서 그것을 작품으로 썼다. 부부 싸움을 한 장관이 출근하자마자 차관을 불러 짜증을 냈고, 화가 난 차관은 국장을, 국장은 과장에게 화풀이했다. 화는 점점 커져서 계장과 직원을 거쳐 수위까지 이어졌다. 직장에서 풀 길이 없던 수위는 결국 마누라에게 화를 냈다. 갑작스럽게 당한 수위의 아내는 기가 막힌 나머지 옆에 있던 고양이에게 퍼부었단다. 이것이 『고양이가 쫓겨난 까닭』이다.

학창 시절 부족한 읽기 능력은 영화뿐만 아니라 독서의 취향에도 영향을 미쳤다. 계기가 있어 글을 유창하게 잘 읽게 되었더라면 독서를 즐기고 다른 사람보다 많이 읽지 않았을까? 장편소설도, 두꺼운 책도 부담감을 느끼지 않는 평생 독자가 되었을 것이다. 직업마저 달라져 유명한 영화감독이나 평론가, 아니면 소설을 쓰는 작가가 되었을지도 모르겠다. 빗방울이 어디에 떨어지느냐에 따라 지하수로, 또는 강으로 흐르기도 한다. 아이에게 키워 주는 능력 하나가 어떤 결과로 이어질지 모른다고 생각하며 최선을 다해 가르쳐야겠다고 마음을 다잡는다.

때로는 외로운 섬이라서

교무실이나 행정실은 여러 사람이 드나드는 반면, 교장실은 혼자 쓰다 보니 때로는 외로운 섬처럼 느껴진다. 교감과 행정실장은 이러저러한 문제로 다른 직원들에 비해 자주 찾는 편이지만 결재를 받거나 특별히 협의할 일이 없는 직원은 마주할 일이 적다. 소규모 학교지만 하루 종일 얼굴 한 번 보지 못하는 경우도 생긴다.

교사들은 출근하자마자 학급 아이들이 기다리는 교실에 들어간다. 다른 직원들도 제각기 바쁘게 지낸다. 교장도 할 일이 많다. 하지만 다른 교직원에 비해 여유가 있는 것은 사실이다. 차라도 한 잔 마시며 담소를 나누고 싶어 교무실로 발걸음을 옮길 때가 있는데 모두가 일에 열중하고 있으면 머쓱하다. "차 한 잔 드릴까요?"라는 말을 잊지 않지만 혼자만 여유 부리는 것 같아서 민망하다. 하던 일 제쳐두고 응대하려면 부담스러울 것 같아서 뒤돌아서기 일쑤다.

일의 성격이나 분위기 때문에 행정실보다 교무실을 자주 찾는다. 하지만 너무 잦아도, 그 반대도 문제다. 외로운 섬에 갇혀 지내다 보면 직원들과 심리적으로 가까워질 수 없어서다. 교감은 교사들과 소통을 많이 해야 하는 자리이나 교사들과 한발 떨어져 있는 나는 그들과 가까이 지낼 기회가 적다. 전임지에서는 가끔 차를 마시며 고마움을 표시하고 정을 쌓았으나 학교를 옮긴 지 얼마 안 된 이곳에서는 쉽지 않다.

교육부에서는 교직원이 집단지성으로 교육력을 높이고, 연구하는 분위기를 조성하라고 학교마다 '전문적 학습 공동체(이후 전학공이라 줄여 사용함)'를 조직·운영할 것을 권장한다. '새 학년 집중 준비 기간'에, 올해 전학공을 어떻게 꾸려갈 것인지 의논했는데 내가 새로운 제안을 했다. 작년에는 다른 학교처럼 한 팀만 운영했지만 올해는 원하는 부서를 받아 그룹별로 활동해 보자고 했다. 충족 요건은 최소 인원 네 명. 세 명으로 하면 한 명이라도 출장을 갔을 때 운영이 어려워서다.

'마을 학교 활성화', '인공 지능(AI) 교육', '슬로우 리딩(slow reading)', '책 놀이'를 몇 명의 선생님들이 제안하자 나도 '가볍게 참여하는 독서 모임'의 필요성을 얘기했다. 소외되는 교사가 생길 것 같아서다. 책 놀이는 슬로우 리딩의 영역에 포함되어 네 개로 좁혀졌다. 그중 하나를 선택해야 하는데 관리자를 포함하여 열세 명뿐이라 최대 세 개의 부서를 조직할 수 있다. 서로 인원수를 확보하려고 경쟁적으로 자기 팀을 홍보하는 데 열을 올려 시끌벅적했다.

먼저 교무부장이 피피티(PPT)까지 준비하여 '마을학교 활성화'를 기세 좋게 발표했다. 이름은 '월마나 좋은가?'다. 월산초 마을학교 나눔의 줄임말이라고 재미있게 설명했지만 희망하는 사람이 두 명뿐이라 탈락했다. 하지만 진행 과정에서 웃음을 많이 주었다. 내가 제안한 모임은 예상대로 보건교사가 적극적으로 인원을 확보하는 바람에 살아남았다. 그 자리에 없었던 교사를 전화로 설득하여 최소 인원을 채웠던 것이다. 결국 '인공지능 교육', '슬로우 리딩'과 함께 세 개의 팀으로 확정했다.

3월 첫 주에는 팀별로 연간 계획을 세운 후에 한데 모여 대표가 발표했다. 우리 팀은 이름까지 '방구석 독서 모임'으로 새롭게 지어 유치원 교사가 소개했다. 방구석은 방의 속된 말이지만, 발 뻗고 편하게 앉아 도란도란 이야기할 수 있는 장소가 연상된다. 편안하게 참여하는 독서 모임의 뜻을 담아낼 수 있고, 부르기도 쉬워 이름을 바꾸었다. 물론 최근 텔레비전 인기 프로그램 중에 '방구석 1열'과 베스트셀러인 '방구석 미술관'에서 단서를 찾았다.

지난주 수요일, 첫 번째 전학공이 열렸다. 우리 팀은 미리 예고한 대로 자신에게 크게 영향을 미친 책을 각자 소개했다. 보건 교사는 초등학교 3학년 때 읽었던 '빨강머리 앤'에 나오는 등장인물이 자신의 처지와 비슷해서 위로를 많이 받았단다. 영양 교사는 대학 때 감명 깊게 읽은 시집을 소개했고, 유치원 교사는 행복을 주제로 쓴 책에서 깨닫게 된 것을 생활과 관련지어 얘기했다. 나는 '학교 속의 문맹자들'을 쓴 지은이와 맺은 인연으로 변화한 점들을 소개했다. 이야기를 나누는 동안 시간이 훌쩍 지나갔다. 새로 전입한 유치원 교사는 재미있는 시간이었으며 시간 가는 줄 몰랐단다.

시장 경제에서 기업이 독과점하면 여러 문제가 생긴다. 하지만 기업끼리 경쟁하면 도태되지 않으려고 여러모로 노력한다. 전학공도 같은 이치이지 않을까. 나도 지인의 이야기를 듣고 시도했다. 자칫 겉돌기 쉬운 교원의 참여를 높이고, 선의의 경쟁으로 다른 팀에 자극을 주어 활발하게 운영될 것으로 기대한다. 외로운 섬처럼 떠돌던 관리자와 교직원 사이의 심리적 거리를 좁힐 수 있는 하나의 방안이 될 것이다.

어떤 조직에서나 상사와 부하직원 사이에는 심리적 거리는 있게 마련이다. 이를 '권력 거리(power distance)'라고 한다. "권력 거리가 짧으면 상호의존적이지만 반대인 경우는 상사에게 자신의 의견을 내놓지 않는다."고 하니 소통과 협력을 기대하려면 권력 거리가 짧아야 한다는 이야기다. 인생 책 소개하기, 어른을 위한 동화 읽고 생각 나누기, 고전에서 길을 묻다, 독서를 넘어 글쓰기 등의 주제로 만나게 될 '방구석 독서 모임'이 기다려진다.

울고 싶었던 시절

꽤 오래된 젊은 시절의 얘기다. 집에서 가까운 곳으로 이동하고 승진을 하려면 부가점이 필요해 섬 근무를 자원했다. 그 당시 도서벽지에서 근무하면 이동과 승진에 유리했다. 도시를 중심으로 거리와 교통 여건, 문화 시설을 기준으로 '가, 나, 다, 라' 급지가 정해지는데 급지가 높을수록 열악한 곳이었다. 전국적으로 통용되는 점수라 다른 시도(市道)로 근무지를 옮기더라도 써먹을 수 있다. 우리 도교육청에서는 '도 부가점'이라는 이름으로 그만큼 더 주니까 불편한 생활을 무릅쓰고 가려는 사람이 많았다. 육지에도 벽지학교가 있었으나 도서(島嶼)에 비해서 그 수도 적고, 점수도 낮았다.

전남의 중부 지방에 오래 근무했기에 당연히 될 것으로 생각했는데 이동 명단에 내 이름이 없었다. 나보다 유리할 것도 없는 대학 동기 부부는 내가 가려고 했던 지역에 이름이 올라 있었다. 아마도 인사 규정에 명시되어 있는 부부 교사의 특혜를 받은 듯했다. 부부 교사가 아닌 나 같은 사람에게는 참으로 억울한 일이 아닐 수 없다. 지금 같았으면 민원을 제기할 만한데 그때는 비민주적인 요소가 많아도 그러려니 하고 넘어갔다.

그로부터 몇 년이 지나 인사 규정이 바뀌었다. 우리 도에서 주는 부가점이 없어지자 인기가 시들해졌다. 승진에 필요한 벽지점이 필요하더라도 굳이 섬까지 가지 않아도 되었다. 광주, 목포, 순천을 중심으로 생활권역이 나누어지고, 지역별로 근무 연한을 정해 놓은 순환근무제가 되어 한 지역에서만 계속 있을 수 없게 되었다. 읍 지역에 근무하던 나는 지역 만기가 되어 도서 지역으로 옮길 수밖에 없었다. 짧은 기간에 집 가까운 곳으로 오려면 이동 점수가 많은 섬 근무 말고는 방법이 없었다. 완도에도 섬이 많으나 거리가 멀어 신안을 선택했다.

발령지는 말로만 듣던 하의도. 김대중 대통령의 고향이다. 당선된 지 얼마 지나지 않아서 방송에서 많이 들었던지라 귀에 익은 곳이었다. 지도에서 찾아보니 목포에서 그리 멀리 떨어져 있지 않았다. 교통편이나 생활의 편의성은 모르나 괜찮은 곳으로 가게 되었다고 생각했다. 지금도 그렇지만 발령이 나면 먼저 학교에 전화한다. 그리고 관리자가 인사 업무에 필요한 특정 날짜에 가서 원하는 업무와 학년을 이야기하고, 관사의 여건이나 교통편 등 궁금한 점을 알아 본다.

학교에 전화했더니 몇 년 전에 전임지에서 같이 근무한 교감 선생님이 그곳에 있었다. 뜻밖이라 반가웠다. 그런데 이게 웬일인가. 근무지는 본교가 아니라 분교라는 것이다. 분교가 있을 것이라고는 전혀 예상하지 못한 터라 당황했다. 교장 선생님과 통화하여 인사차 목포에 있는 집으로 찾아갔다. 내가 발령받은 분교의 사정을 말해 주며 더 알고 싶으면 분교장과 통화해 보란다. 지인 몇 명에게 그곳 사정을 알아보고 내가 그곳에서 근무할 수 있을지 두려웠다.

그 분교는 본섬에 딸린 작은 섬에 있다는데 전기도 들어오지 않는 곳이었다. 냉장고뿐만 아니라 보일러, 난방용품도 사용할 수 없단다. 전기라고 해야 고작 자가 발전으로 저녁 시간에 잠깐 전등을 켤 수 있다는 것이다. 학교의 시설을 관리해 주는 직원도 없어서 학교 교육에 필요한 이런저런 물품도 직접 사 날라야 한다고 했다. 학교 청소나 풀베기, 화단 관리는 기본이고, 수도나 전기 등의 학교 시설에 문제에 생겨도 혼자 해결해야 한다고 하니 기가 막혔다. 거기에 교통편마저 열악해 겨우 한 달에 한 번이나 집에 갈 수 있다는 것이다. 갈수록 태산이었다. 어느 정도 불편한 생활은 예상했으나 설마 이 정도일 것이라고는 상상도 못했다. 하필이면 왜 나를 그곳으로 발령 냈을까 관리자가 원망스러웠다. 자취 경험이 없어 혼자 살아가야 하는 것도 걱정이지만 초등학교에 다니는 아들 둘의 교육을 집사람에게만 맡겨두고 한 달에 한 번이나 손님처럼 다녀간다는 것도 마음에 걸렸다. 한숨이 길어지고, 잠이 오지 않았다.

지푸라기라도 잡는 심정으로 도교육청 장학사에게 전화를 했다. 잘 아는 사이는 아니지만 도내 교원들에게 꽤 알려져 영향력이 있을 것 같았다. 내가 누구인지를 밝혔더니 반갑게 받았다. 도지정 '열린교육 연구학교'에서 수업을 공개하였기에 기억하고 있을 터였다. 도교육청과 협의할 때는 특별히 사전 준비할 필요가 없다고 해 놓고 당일에 와서는 일상수업을 봐야겠다고 해서 대표 수업을 한 적이 있었다. 전 교원이 함께 보는 수업을 아무런 준비 없이 한다는 게 많이 부담스러웠지만 수업은 성공리에 끝났고, 협의회에서 칭찬을 많이 받았다. 나중에 혹시 어려운 일이 있으면 전화하라는 이야기도 들었다. 지금 생각하면 어디서 그런 용기가 났는지 모르겠으나 당시에는 그만큼 내 사정이 절박했다. 상황을 설명하고 발령받은 곳에서는 도저히 근무할 자신이 없으니 본교로 갈 수 있는 방법을 찾아달라고 부탁했다.

얼마 지나지 않아 소식이 왔다. 교장이 대학교 동창인데 무조건 본교로 발령을 내 달라고 했다는 것이다. 그런데 번복하기도 어렵고 별다른 방법이 없다고 말해서, 알아서 하라고 퉁명스럽게 전화를 끊었다며 기다려 보라고 했다. 초조하고 불안한 생각으로 가득했다. 한참 만에 전화가 왔다. 본교에서 가까운 분교로 발령을 새로 냈단다. 그곳에는 신규교사를 배정했다고 했다. 교내 인사 규정에 경력 교사가 가게 되어 있었으나 임용되기 전에 기간제 교사 경력을 근거로 보냈단다. 그 교사는 목포가 집인데 흔쾌히 받아들였다고 했다.

캄캄한 터널을 통과한 것이다. 어려운 문제를 해결해 준 그분에게는 너무나 고마웠고, 신규 교사에게는 고마운 한편 미안하기 그지없었다. 어느 날 본교에 일 보러 온 그와 내 관사에서 함께 잠을 자면서 그곳 생활을 물어보았다. 여러 가지 어려운 점을 말했으나 큰 불만으로 생각하지는 않아 다행이었다. 살집이 좋아 제법 몸무게가 나가 보였는데 몸집만큼이나 긍정적이고 낙천적이었다. 그 교사는 추울 때는 석유난로를 켜 놓고 이불을 얼굴까지 덮어쓰고 잔다고 했다. 짠한 마음이 일었으나 내 코가 석자였다. 나라면 비참한 생각이 들었을 텐데 다행히 그렇지는 않은 것 같았다.

발령을 다시 받은 곳은 본교에서 차로 5분 거리에 있었는데 교사 셋이서 복식수업을 하며 지내다 6개월 뒤에 폐교가 되었다. 이미 통폐합이 예정되어 있었던 터라 불만은 없었다. 매주 본교 아이들과 예체능 교과로 협동 수업을 하느라 어려움도 있었으나 수요일에는 교직원과 어울려 배구를 하며 즐겁게 지냈다. 그러다 9월 1일자로 발령이 났다. 그곳은 목포에서 홍도로 갈 때 중간에 타고 내릴 수 있으며, 비교적 교통이 좋은 섬이다. 신안에서의 지낸 기간은 2년. 가기 전에는 4년을 계획했지만 오갈 때 시간이 많이 걸리고, 힘들 뿐만 아니라 생활도 불만족스러워 내가 잘 아는 지역으로 옮겼다. 그곳은 육지에서 손에 잡힐 듯 아주 가까운 곳이라 사선을 타고 언제든지 나다닐 수 있으며, 바람이 불어도 큰 배를 이용할 수 있어서 걱정이 없는 곳이다. 이곳에서 2년간 행복하게 살았다. 섬 생활 초반에 어둡고 긴 터널을 통과한 아픔을 보상받는 느낌이었다.

울고 싶었던 그때를 생각하면 지금도 가슴이 먹먹해진다. 나를 대신하여 불만 없이 근무하는 그 젊은 친구가 있었기에 희망을 안고 생활할 수 있었다. 당시 열한 살이던 큰아들은 이제 서른을 넘겼고, 자은아들도 자리를 잡아 사회로 나갔다. 삼십대 후반에 기세 좋던 나도 이제 교직을 마무리할 때가 가깝다. 긴 세월이 흘렀다. 지금은 교통편과 근무 환경이 많이 좋아졌다고는 하나 젊은 교사들이 생활하기에는 만족스럽지 못한 점이 많을 것이다. 젊은이들이 대체로 도시에서 근무하기를 원하는 것을 보면 미루어 짐작할 수 있다.

섬에서 근무했기에 그들의 어려움을 누구보다 잘 안다. 사명감으로 지원한 이들도 분명 있을 것이다. 이들에게 큰 박수를 보내고 싶다. 설령 원하지 않은 발령으로 근무하는 이들이 있다면 조금만 더 참고 견디면 머지않아 서광이 있을 것이라 말해 주고 싶다. 나를 대신해 큰 짐을 짊어졌던 그 젊은 친구는 어디에 살고 있는지 궁금하다. 아마도 낙천적이고 긍정적인 마음으로 아이들과 잘살고 있겠지. 그때의 경험이 훌륭한 교사가 되는 밑거름이 되었을 것으로 믿는다.

리더의 품격

교감으로 승진해서 처음 여자 교장을 만났다. 퇴직을 앞둔 교감과 근무하면서 보좌를 받지 못했다고 했다. 그래서 그런지 나를 보고는 무척 반가워했다. 추진력이 좋고 열성이 대단해서 일반적인 교장의 모습과는 차이가 있었다. 으레 6학년 담임이 맡은 수학여행 사전 답사도 혼자서 하고, 인솔 책임까지 자청했다. 여행지는 공주와 서울, 경주였는데 부담스러워하기는커녕 즐거워했다. 욕심도 많아서 여러 가지 체험학습도, 이런저런 행사 추진도 많이 했다. 그럴 때마다 보도 자료를 내고 싶어했는데 수업하는 교사를 대신해서 내가 해야 했다. 그 수고로움을 알기에 지금도 웬만해선 다른 사람에게 시키지 않는다. 반면교사로 삼아서다.

3월 하순의 일이다. 교장이 새벽같이 출근했다. 한 시간도 넘는 출퇴근길인데 이해가 되지 않았다. 철망으로 된 울타리 밑에 전교생이 넝쿨장미를 심기로 한 날이라 마음이 들떠 잠이 오지 않았단다. 어떻게 해야 할지 막막했다. 아침밥도 못 먹고 꽃샘추위에 덜덜 떨다가 출근했다. 4월 어느 날도 그랬다. 학교행사 때 찍은 사진으로 동영상을 만들었는데 나에게 보여 주고 싶어 일찍 출근했단다. 아마 이날도 늦게까지 자료 만드느라 잠을 거의 자지 못했던 것으로 기억한다. 성격이 급해서 한 번 일을 지시하고 나서 말이 떨어지기가 바쁘게 다 했는지 재촉했다. 함께 근무하는 동안 보좌하기가 쉽지 않았지만 나를 인정해 주니 지낼 만했다. 그해 9월 원하는 곳으로 발령이 나는 바람에 인연은 거기까지였다.

후임으로 남자 교장이 왔다. 교육계에는 '사람보다 소문이 먼저 온다.'는 말이 있다. 여기저기서 우려하는 말이 들려왔다. '겪어 보기 전에는 정확히 평가할 수 없어. 내 하기 나름이지. 별 문제 없을 거야.' 걱정하면서 스스로 위로했다. 하지만 우려는 현실이 되었다. 마음 편할 날이 없었다. 출근해서 교장실에 들어가 인사를 하면 두서없는 이야기가 시작된다. 신세타령, 다른 사람의 험담, 교직에서 갈등으로 빚어진 얘기 등 끝이 없다. 두 시간이 넘는 날이 부지기수다. 듣고 싶지 않은 얘기인 데다 같은 얘기를 반복하여 고역스럽지만 들어 줄 수밖에 없었다. 오죽 나를 딱하게 여겼으면 교무행정사가 일정 시간이 지나면 급한 전화가 왔다고 부르러 간다고 했겠는가! 하지만 그런 일은 없었다.

이분은 사람이 모이는 것을 극도로 경계했다. 교직원 회의도, 교내 연수도 되도록 못 하게 했다. 다만 수요일에 교직원끼리 체력 단련 활동으로 하는 배구는 어떤 일이 있더라도 추진하라고 했다. 그날은 출장도 못 가게 한다. 학창 시절에 축구를 해서 그런지 배구를 꽤 잘했다. 스카이 서브도 넣고, 공격도 잘했다. 나도 배구는 제법 하는 편이다. 교장과 키가 큰 교무부장이 한편이고, 블로킹할 수 있는 행정실장과 내가 한편이다. 양 팀의 실력이 비슷했지만 기를 쓰고 해서인지 우리 편이 더 많이 이겼다. 지는 것은 자존심이 허락하지 않았다. "우리 학교는 친목 배구가 아니라 전투 배구다."라는 말을 할 정도였다. 이기면 그렇게 기분 좋을 수가 없었다. 고소했다. 그렇지만 경기에서 지면 교장의 얼굴빛과 목소리가 달라지기에 상황을 봐 가면서 했다. 얼마나 치열하게 했던지 교장, 행정실장, 교무 셋이서 차례대로 발목을 다쳤다. 직원들이 우스갯소리로 "다음에는 교감 선생님 차례네요."라고 했으나 인대가 끊어져 3개월이나 병원 신세를 졌던 교무의 액땜 덕인지 다행히 그런 일은 일어나지 않았다.

그분은 교육과정이나 학사 운영에는 별로 관심을 두지 않았다. 하지만 학교 회계는 그렇지 않았다. 부임한 지 얼마 되지 않아 업무별로 예산이 얼마나 남았는지 파악하더니 교사들의 흉을 보기 시작했다. 자료도 없이 수업하면서 학습사이트에 가입하여 클릭만 하고 있다고 했다. 처음에는 일리가 있는 말로 들렸다. 같은 말을 몇 번 하더니 장사꾼이 학교에 드나들면서 가지고 다니는 자료 목록을 내밀며 그중에 적당한 것을 골라 사라고 했다. 염불보다는 잿밥에 관심이 있었던 것이다. 형식적으로 자료선정위원회를 열고 회의록을 작성하면 문제될 것은 없다. 하지만 사더라도 활용하지 않을 것이 뻔해 못 들은 척했다. 내게는 통하지 않으니까 자료 업무를 맡은 신규 여교사를 괴롭혔다. 하루는 교장실에 갔더니 눈물을 뚝뚝 흘리고 있었다. 보지 않아도 짐작이 갔다. 몇 번을 얘기해도 듣지 않으니 심하게 꾸짖고 마음에 상처 주는 말을 했을 것이다.

'어떻게 잇속을 챙겨 볼까?' 오로지 그 생각뿐인 것 같았다. 공(公)과 사(私)를 가리지 못했고, 모든 것을 제멋대로 하려고 했다. 그러니 좋아하는 사람이 한 사람도 없었다. 어이없는 지시와 행동이 할 말을 잃게 만들었다. 버스 운전원에게 평소에 거래하지 않는 특정 주유소에서 기름을 넣으라고 하고 따르지 않으면 싸우거나 목소리를 높여 상처를 준다. 한두 사람이 아니고 돌아가면서 그랬다. '어떻게 저 자리까지 왔을까?' 승진을 시켜 준 교육감에게 항의라도 하고 싶은 심정이었다. 하루하루가 불안하고 암담했다. 도저히 안 되겠다 싶어 국민권익위원회에 제보하려고 비위를 낱낱이 작성했으나 용기가 나지 않았다. 관리자가 관리자를 고발한다는 것이 내키지 않았고, 교육계의 시선도 의식하지 않을 수 없었다.

결국 제보까지 이어지진 못했으나 얼마나 스트레스를 받았는지 일 년 동안 여러 질병에 시달렸다. 귀에서 매미 소리가 들리기도 하고, 입술 언저리에 물집이 생겨 고생했다. 양말을 벗고 방바닥을 걸으면 발바닥에서 땀이 나서 질척거린 일도 있었다. 이런 증상이 꽤 오래 갔다. 이뿐만이 아니다. 하루는 골이 흔들리고, 머리가 깨질 듯이 아파서 감기인 줄 알았다. 그런데 관사에서 옷을 벗다 옆구리 쪽에 느낌이 좋지 않아 만져 보니 오돌토돌했다. 작은 물집이 줄지어 잡혔고 옷이 닿으면 몹시 아팠다. 이상하다 싶어 병원에 갔더니 대상포진이라며 면역력이 약해지면 생긴다고 했다. 조금 오래 방치하면 신경치료까지 갈 수도 있다는데 다행히 쉽게 나았다. 이런 일이 있어도 병가나 연가를 내지 않고 관성처럼 출근했다. 지금 생각하면 미련하기 짝이 없는 일이다. 평소에도 법에 규정된 휴가를 잘 활용하지 않는 편이라 입원할 정도가 아니라면 출근하는 것이 당연하다고 여기는 바보다.

아무튼 탈출구가 필요했다. 이대로 견디다가는 몸에 큰 병이 생길 것만 같았다. 내 생각을 바꾸는 방법 외에는 달리 길이 보이지 않았다. 때마침 신문에 티벳의 정신적인 스승 달라이라마가 쓴 『용서』가 추천 도서로 보이기에 읽어 보면 도움이 될 것 같았다. '중국이 티벳을 무자비하게 탄압하여 많은 희생자가 생겼고, 후손들에게 큰 상처를 남겼는데 용서하지 않는다면 복수하려는 마음이 가득해 마음의 평화를 기대할 수 없다.'는 구절이 보였다. 용서는 다른 사람이 아닌 자신을 위해서 필요한 것이라고 하는데 가슴으로 받아들여지지 않았다. 한동안 분노와 응어리 때문에 얼굴이 수척해지고 웃음기가 사라져 주변에서 많이 염려해 주었다.

그러던 차에 지인이 혜민의 『멈추면 비로소 보이는 것들』을 추천해 주었다. 짤막짤막한 글 속에 따뜻한 위로의 말이 가득했다. 읽으면서 마음이 편해졌다. 그때의 인연으로 텔레비전에서 스님을 보면 반갑고 친근하게 느껴진다. 최근에 네티즌들이 불제자가 '무소유'를 실천한 것이 아니라 '풀 소유'를 했다고 비난을 쏟아 냈지만 난 그에 대한 좋은 감정은 그대로다. 선한 얼굴과 다정한 말투, 그리고 위로받았던 고마움을 결코 잊을 수 없어서다.

새벽이 오기 전에 어둠이 짙다고 했던가. 끝날 줄 모르던 횡포는 1년으로 끝났다. 그동안 그분에게 개인적인 송사가 있었는데 결과에 따른 행정처분이 내려졌고, 하급지 전보로 이어진 것이다. '죽으라는 법은 없나 보다.' 그쯤 해서 다행이었다. 만약 횡포가 더 이어졌더라면 내 몸에 어떤 일이 생겼을지 생각만해도 아찔하다.

'위로'라는 글감을 받고 교육계에서 일어난 부끄러운 일을 써도 괜찮은지 망설였다. 물론 지금은 이런 엉터리 관리자는 발붙일 곳이 없다. 교직 선배라고, 관리자라고 봐주거나 받아 주지 않는다. 더구나 연명으로 신고를 하면 불이익이 따른다. 그런 분위기와 제도 때문에 관리자들이 위축되어 있는 것은 사실이지만 그렇더라도 기죽을 필요까지 있겠는가. 다만 안이하게 지내지 않도록 성찰하는 자세를 잃지 않아야겠다. 자리를 보전하는 데 그치지 않고 내 역할을 제대로 할 수 있도록 노력해야겠다. 리더십에 따라 교원들이 연구하는 자세와 존중받는 분위기가 많이 달라지기 때문이다. 수년 전에 만난 품격 없는 관리자의 그림자가 내게도 어른거리지는 않는지 퇴직하는 날까지 경계하며 지내련다.

파도처럼 밀려드는 문제들

학교는 코로나 바이러스로부터 언제쯤 자유로울까? 어서 그런 날이 오기를 바라지만 아무래도 내년 하반기에 가서야 먹구름이 걷힐 것 같다. 최근 들어 확진자 수가 하루 700명대를 유지하더니 오늘 1000명대를 넘었다고 한다. 답답함을 넘어 가슴을 옥죄어 오는 느낌이다. 하루빨리 진정 국면으로 접어들었으면 좋겠다.

자라 보고 놀란 가슴 솥뚜껑 보고 놀란다던가. 12월 들어 1학년 아이 몇 명이 열이 나서 결석했다. 같은 이유로 조퇴하거나 결근하는 교직원도 늘었다. 그런 보고를 받을 때마다 '혹시 코로나와 관련된 것은 아닌가?' 걱정된다. 엊그제는 교직원 두 사람이 검사를 자진해서 받았다. 다행히 모두 음성이었지만 결과가 나올 때까지는 마음을 놓을 수 없었다. 요즈음은 긴장의 연속이다.

만에 하나 학생이나 교직원 중에 확진자가 생기면 교내에 검사소를 설치한다. 학생과 교직원 모두 검사를 받고, 2주간은 영상 수업을 해야 한다. 촉각이 곤두서지 않을 수 없다. 2월에 감염이 우려된다는 소식이 있고 난 뒤부터 학교 경영의 어려움도 커졌다. 졸업식, 입학식 등 학교 행사와 각종 체험학습을 생략하거나 축소했다. 특히 등교 시기와 방과후학교 운영을 결정하기가 어려웠다.

3월 초부터 시작된 휴업이 4월까지 계속되었다. 아이들이 없는 교정은 적막하기만 했다. 등교하지 않는 날이 늘어갈수록 법정의 『새들이 떠나간 숲은 적막하다』는 제목이 크게 다가왔다. 아이들의 재잘대는 소리가 그리웠다. 그러다 4월 16일에는 고학년이, 20일부터는 저학년이 각각 온라인 개학을 해서 학교 공부를 시작했다. 만족할 수 없지만 다행스럽고 고마운 일이다. 물론 담임에 따라 수업 방법을 달리했는데 실시간 영상 수업을 하는 학년, 교육 방송을 보게 하거나 집으로 꾸러미 학습 자료를 보낸 학년도 있었다.

5월 20일이 지나자 드디어 등교 수업 날짜를 정하라는 공문이 왔다. 전교생 60명 이하 학교는 거리 두기가 수월하기에 교육감이 날짜를 특정해 주었다. 반면 학생 수가 많은 학교는 학년별로 날짜를 달리하여 등교하되 교직원의 협의를 거쳐 결정하라고 했다. 다른 의견이 없을 것으로 생각했다. 교감도 같은 마음이었다. 다른 학교도 마찬가지였다. '학교장이 결정할 문제인데 협의를 할 필요가 있나? 더구나 교육감이 권장한 날짜인데.' 교직원과 회의해야 할 문제가 아니라고 단정 지었다. 교감, 교무, 행정실장이 참석하는 기획 회의에서 차질 없이 등교했으면 좋겠다고 했다.

그런 후 이틀이 지났는데 평소에 말이 없던 6학년 담임이 교장실에

왔다. 개학 날짜를 다시 생각해 줄 수 없냐고 한다. 특별한 일이 없는 이상 제날짜에 하면 좋지 않겠냐고 말했다. 그런데 그동안 이 문제로 불만 섞인 얘기가 오갔는가 보다. 교감이 짤막하게 전해 주는 말에서 분위기를 느낄 수 있었다. 아무래도 교직원에게 직접 설명하고 그 날짜에 등교하면 좋겠다고 말할 생각으로 회의를 했다. 그런데 의도와는 달리 사회를 맡은 교무부장이 등교 날짜를 협의하는 쪽으로 이끌어 나갔다. 지금까지는 한 번도 그런 일이 없었는데 몹시 당황스러웠다. 괘씸하기까지 했다. 할 수 없이 등교일을 다시 생각해 보자며 회의를 서둘러 마쳤다.

무엇 때문에 아이들이 학교에 오는 것을 두려워하는지 이해되지 않았다. 그동안 우리 지역에 확진자가 한 명도 없었다. '온라인 수업이 대면 수업보다 편해서겠지.'라고 치부했다. 이런저런 생각이 머릿속을 떠나지 않았다. 어디서부터 잘못되었는지 돌아보았다. 문제는 내가 예단을 한 것이었다. 설령 내 생각이 옳다고 하더라도 교직원에게 먼저 물었더라면 원만하게 결정되었을 것이다. 또 하나, 감염병에 더 민감하게 반응하는 사람이 있을 수 있다는 것을 미처 깨닫지 못했다. 개학하고 나서 방과후학교를 언제 시작할 것인가, 어떤 프로그램으로 한정할 것인가를 결정하는 데 민감하게 반응하는 것을 보고 알게 된 사실이다. 9월에 학교를 옮겨 이제 전임지이지만 지금도 방과후학교를 하지 않는다. 아마 이렇게 신중한 학교는 보기 드물 것이다.

새로운 근무지에서도 쉽지 않은 문제가 생겼나. 한 달쯤 지났을 때

6학년 담임이 할 얘기가 있다며 교장실에 들어섰다. 컴퓨터를 전공하고 교육대학교에 편입한 교사다. 그동안 관련 자료를 정리해서 내놓았는데 제법 두꺼웠다. 자초지종을 들어보니 수긍이 갔다. 아이들을 가르쳐야 할 교사가 정보 업무를 맡았다는 이유로 컴퓨터 교육과는 관련 없는 보안과 시설 분야까지 떠안고 있다는 것이다. 심지어 감사를 앞두고 무인경비 동의서까지 받았단다. 올해는 후배 교사가 업무를 맡고 있으나 선배로서 이런 문제를 해결하는 것이 도리라는 말도 덧붙였다. 관련 법령을 찾아 정리해 놓고 도교육청과 교육부에까지 알아보았다는 것이다. 그러면서 결국 학교장이 업무 분장의 결정권이 있다고 했단다. 생각해 보자고 했다. 그리고 연말에 행정실장과 얘기해 보자며 가볍게 지나갔다.

그런데 엊그제 다시 찾아와 문서 한 장을 내밀었다. 에이포(A4) 앞뒷면에 세로로 업무 내용을 자세하게 적고 그 옆에는 교무실과 행정실 중 어디에서 맡으면 좋을 것인지 빈칸으로 남겨두었다. 교장인 내가 먼저 생각해 보면 좋겠다고 한다. '이 문제를 어떻게 해야 하나?' 머리가 아파오기 시작했다. 그렇지 않아도 학교마다 미세먼지와 관련 있는 공기정화장치 공문, 공기질 측정과 관련 있는 석면 업무, 상수도와 정수기, 물탱크 관련 업무를 놓고 보건교사와 행정실이 첨예하게 갈등하고 있는데 지금까지 해오던 정보업무 일부를 행정실에서 선뜻 해 주겠다고 할 리는 만무하다. 그것 말고도 행정실의 일이 산더미라는 것을 잘 알기에 그렇다. 가장 불합리한 점이 무엇인지 물어보고 서로 수긍할 수 있는 선에서 마무리 지으려고 하지만 이야기를 꺼내기조차 조심스러웠다. 어찌 되었든 다음 주에는 매듭지을 작정이다.

'교장 왕국'이라는 말이 있을 만큼 절대적인 권한이 있는 시절이 있었다. 그때와 비교하면 지금의 학교 분위기는 천양지차다. 젊은 교사들이 호락호락하지 않다. 조금이라도 불합리한 점이 있으면 이유를 따진다. 의심나면 도교육청이나 교육부에 질의하여 항의하고 민원을 제기하기도 한다. 민주적 협의 문화가 많이 정착되기는 했지만, 교육적 효과를 얻기보다는 자칫 교사들이 편한 것만 좇을 수 있다. 이럴 땐 난감하다. 그런 문제로 관리자와 갈등을 겪는 학교가 있다. 협의 결과를 무시할 수도, 의견을 따라주기도 어렵기에 고민이 클 수밖에 없다.

평화롭게만 보이는 작은 학교도 들여다보면 여러 문제를 안고 있다. 학부모 민원, 매년 줄어드는 학생 수, 직원 사이의 보이지 않은 갈등……. 프로 바둑 기사는 대국을 마치면 반드시 복기한다. 다음에 같은 실수를 줄이려고 어떤 지점에서 잘잘못이 있었는지 되짚어 보는 것이다. 한 해가 얼마 남지 않았다. 학교 경영의 책임자로서 지도력을 돌아보는 것도 크고 작은 문제 해결에 도움이 될 것 같다. 예전처럼 내가 최고니까 나를 따르라는 상어형 리더십은 이제 통하지 않는다. 그런데도 실제로는 잘 안된다. 권한을 더 내려놓고 협력하며 문제를 해결하는 돌고래형 리더십을 잊지 않아야겠다. 『리더가 죽어야 리더십이 산다』는 뜻을 다시금 새긴다.

배려가 낳은 최고의 선물

"이번에 유아교육진흥원에 오시죠? 명단에서 교장 선생님 성함을 보고 나도 추가로 신청하려고 합니다. 같이 점심 먹고 함께 연수에 참여하면 될 것 같은데……." 작년 4월, 순천 성동초 교장에게 걸려 온 전화다.

재작년 2월에도 전화가 왔다. 십수 년 전에 벌교초 해도분교에 근무한 적이 있는지 물었다. 그때 신세를 많이 졌다면서 식사 대접하고 싶다고 했다. 뜬금없기도 했지만 오래전 일로 같이 밥을 먹는 것이 내키지 않아서 순천 갈 일이 있으면 교장실에 들러 차나 한잔하면 좋겠다고 에둘러 거절했다.

그랬는데 또 전화가 온 것이다. 두 번이나 거절하는 것은 예의가 아닌 것 같았다. 또, 진심이 느껴졌기에 반승낙을 했다. "제가 베푼 친절은 당연한 것인 데 점심이라니요? 설령 점심을 먹더라도 국밥 한 그릇으로 충분합니다." 점심 메뉴로 옥신각신한 끝에 낙지 요리를 잘하는 집이 있다며 비빔밥을 예약해 놓겠다고 했다. 그 정도면 괜찮을 것도 같았다.

연수가 있는 날 순천으로 향하며 예전 학교의 전경과 아이들, 그곳에서의 생활을 활동사진처럼 떠올렸다. 벌교읍에서 승용차로 20분쯤 걸리는 작은 포구 장암 선착장에서 분교가 있는 섬이 눈앞에 보인다. 손쉽게 이용할 수 있는 선외기라는 빠른 배를 타고 물길을 따라 5분쯤 가면 도착한다. 선착장에서 10분 정도 걸어가면 학교가 나오는데 높은 곳에 있어 운동장에서 바라보는 전망이 그림 같다.

장도라는 섬이 바다를 에워싸고 있어 바다는 평화로운 호수 그 자체다. 썰물에는 뻘배를 타고 다니며 갯일을 하는 아낙네들이 보인다. 아이들은 총 7명이었는데 나는 1학년 한 명과 6학년 두 명을, 연세 지긋한 이 선생님은 3·4학년 4명을 맡았다. 집이 20채도 안 되는 작은 섬이라 주민 수도 적었다. 학교 건물이라고 해야 고작 교실 두 칸과 관사 한 동, 그리고 운동장 가장자리에 있는 재래식 화장실이 전부다. 운동장은 가정집 마당 두세 개를 합쳐 놓은 크기다.

그렇지만 그곳에서의 생활은 평온하고 행복했다. 업무도 거의 없고 아이들 가르치는 데만 충실하면 된다. 일과 시간에는 아이들과 즐겁게 공부하고, 퇴근 후에는 운동 삼아 섬을 한 바퀴 돌거나 운동장에서 아이들과 함께 배드민턴을 쳤다. 다행히 함께 사는 선생님과 뜻이 맞아 봄에는 취나물을 뜯고, 가을에는 밤을 줍는 날도 많았다.

섬에는 중학교가 없기 때문에 졸업하면 떠나야 한다. 6학년 두 명 중에서 한 명은 벌교로, 다른 아이는 순천에 있는 중학교를 가기로 예정되어 있었다. 문제는 동생들도 함께 간다는 것이었다. 남은 아이 셋 중에서 다른 형제까지도 전학을 간다고 하니 오갈 데 없는 아이 한 명만 남게 되었다.

나와 같이 근무하는 분도 전근을 가야 할 상황이었다. 과연 어떤 선생님이 와서 남은 아이 한 명을 맡을 것인지 초미의 관심사였다. 2월에 교육청 인사 발표가 난 다음 바로 본교에서는 분교에 근무할 교사를 정하는데 새로 부임하는 선생님은 뜻밖에 순천에서 오는 여자 선생님이었다. 섬 생활은 남자도 힘든데 여자 혼자서 어떻게 근무할 수 있을지 걱정이 많이 되었다. 그 선생님의 안전과 생활의 불편이 염려되어 장문의 편지를 써 놓았다.

오래된 일이라 기억이 또렷하지는 않지만, 내용은 섬 생활에서 어려운 점과 주의할 점, 문제 상황에 대처하는 방법 등을 적어 놓았다. 그리고 혹시라도 생활하다 도움이 필요하거나 궁금한 점이 있으면 언제든 연락하라고 편지 말미에 내 전화번호도 메모해 두었던 것으로 기억한다. 만나서 안 사실이지만 걱정하는 마음을 담은 내 전화도 받았다고 했다.

설레는 마음으로 운전을 하니 금세 순천에 도착했다. 성동초등학교는 순천의 구도심에 있었다. 열두시가 조금 넘어 교장실에 들어서니 반갑게 맞아 주었다. 여자 손님 한 분과 얘기를 나누고 있었는데 교감 시절 병설유치원 원감이란다. 이분도 관리자교육 연수에 참여하는데 둘만의 식사 자리가 어색할 것 같아 초대했단다.

식당은 걸어서 10여 분 거리에 있었다. 가는 도중 도심 이곳저곳에 볼거리가 많았다. 잘 단장된 거리와 예쁜 건물, 고즈넉한 한옥, 멋진 가게들이 눈에 띄었다. 문화의 거리로 조성하면 좋겠다고 하니 진행 중이란다. 음식점은 '인사동'이란 한식 전문 식당이었는데 손님이 많았다. 자리에 앉은 지 얼마 지나지 않아 음식이 나왔다. 낙지비빔밥이 아니라 굴비정식이다. 전화로 얘기할 때와 다르다고 하니 웃으면서 그 음식점은 다른 곳에 있단다. 아마도 초대 음식으로는 적당하지 않았던 모양이다. 음식이 깔끔하고 맛있었다. 그 교장 선생님은 먹기 좋게 고깃살을 발라 자꾸 내 쪽으로 내밀었다. 고맙기도 하고 미안하기도 했다.

음식을 먹으면서 섬 생활의 이러저러한 얘기를 많이 나누었는데 특히, 내가 너무나 고마워 지금껏 잊을 수가 없었단다. 교장이 된 후에도 그때를 생각해서 학교 관사 생활을 하는 여선생님이 생활에 불편함이 없도록 노력했다고 한다. 배려가 낳은 선한 영향력이라고나 할까. 그 말을 들으니 내가 오히려 고마웠다.

사실 이분은 40년 가까이 되는 긴 교직을 마무리하고 있었다. 퇴직을 앞두고 자신의 교사 생활을 되돌아보니 고마운 사람이 많았단다. 그중에서도 멋모르고 들어간 섬에서 얼굴도 모르는 전임자가 남긴 마음을 잊을 수 없어 한 번쯤은 인사를 드리고 싶었단다. 학생 한 명, 교사 한 명이었으나 중간에 자신의 자녀를 전학시켜 함께 공부하게 했고, 동화 같은 생활을 했다고 하였다. 그 당시 가까운 섬에서 근무했던 교사에게 물어 내 연락처를 알게 되었다고 한다. 열정과 진정성에 감동스러웠다. 이런 분은 흔치 않으리라!

사실 배려 때문에 감사의 마음을 전해 들은 것은 이번이 두 번째다. 교장으로 승진한 첫해에 경주에서 '행복한 학교 만들기' 연수가 있었다. 2박 3일 동안이었는데 숙소는 1인 1실이었다. 둘째 날 저녁에 숙소에 들어갔더니 커다란 접시에 먹음직스러운 과일이 가득 담겨 있었다. 이 호텔은 서비스가 좋다는 단순한 생각을 하며 맛있게 먹었다.

다음 날 강의가 시작되기 전 다른 사람들에게 과일 얘기를 했더니 모두 의아해했다. 그런 사실이 없었단다. 순간 어젯밤 그 과일은 배려가 낳은 선물이란 생각이 들었다. 혼자 쓴 방이었지만 청소하는 사람을 생각하여 이불을 정리하고, 목욕탕 안의 물기가 하나도 없게 닦아 놓고, 쓰고 난 수건도 개어서 한쪽에 정리해 두었다. 모든 것을 사용하기 전과 비슷한 상태로 만들어 놓고 방을 나섰다. 아마도 청소하는 분에게는 내가 특별한 손님이었던 모양이다. 과일 선물을 받아야 할 다른 이유가 없었다. 그 당시 동료들의 얘기를 듣고 특별한 대접을 받아 기분이 아주 좋았지만 그런 줄 알았으면 '팁이라도 놓고 방을 나올걸!' 하고 뒤늦게 후회했다.

셋이서 점심을 먹고 학교 근처에서 커피까지 마셨다. 시간이 빠르게 지나갔다. 이런저런 얘기를 하다 보니 연수 시간이 얼마 남지 않아 아쉬웠다. 연수 장소로 떠나려는데 교장실에서 종이 가방에 담은 선물을 가지고 나왔다. 집에 와서 열어 보니 순천의 유명한 빵집에서 만든 찹쌀떡과 죽녹차, 연잎차, 우엉차가 들어 있었다. 18년 전에 있었던 작은 배려를 기억해 주는 것만으로도 고마운데 선물까지 챙겨 주니 미안하기까지 했다.

그런 은혜를 잊지 않고, 인연을 이어 가는 모습에서 인품이 엿보였다. 식사대접이 아니라 가르침을 받으러 간 것 같은 느낌이었다. '나는 도움을 준 사람들에게 감사한 마음을 표현했던가? 또, 인연을 소중히 생각하고 살아가고 있는가?' 그분의 가르침을 쉬 잊지 못할 것 같다. 교직을 마무리하는 시점이 오면 나도 도움을 준 사람들에게 꼭 인사를 하리라.

교직의 보람

교직에 발을 들여놓은 지 36년이 다 되어 간다. 교장으로 승진한 지도 6년째다. 정년퇴직이 2년도 채 남지 않았는데도 문해력 강의와 컨설팅을 이례적으로 많이 다닌다. 같은 주제로 준비하는 일이 많지만 그렇다고 하더라도 준비를 소홀히 할 수 없다. 원고를 들여다볼 때마다 보충할 내용이 떠오르기도 하고 중복된 것을 발견하기도 한다.

오랫동안 집중하다 보면 목 디스크 증세가 도져 어깨도 아프고 팔까지 저린다. '강의 횟수를 줄여야 하나!' 후회도 하지만 행복한 고민이다. 교장은 현장감이 떨어지기에 교사들의 연수에 강사로 선호하지 않는 게 일반적인데 나는 잦은 출장으로 오히려 직원들에게 미안할 지경이니까.

문해력의 중요한 요소인 읽기 유창성에 관심을 기울인 것은 10년도 넘었다. 성적이 낮은 아이들은 대체로 글을 잘 읽지 못하는 공통점이 있는데 그때만 해도 유창성이 학력과 어떤 관계가 있는지, 유창성을 키울 수 있는 효과적인 방법이 무엇인지 알지 못했다. 그러기에 대부분의 학교에서는 문제 풀이 위주로 부진아를 지도한다. 이런 방법으로는 근본적인 치유가 되지 않아 부진아 수는 줄어들지 않는다. 학기초의 부진아가 학기말에 구제되었다가 신학기가 되면 다시 부진아가 되는 악순환에 빠진다. 부진의 늪에서 쉽게 빠져나올 수 없는 것이다.

승진을 앞두고 후배의 권유로 광주교육대학교 평생교육원에서 수업 방법 연수를 받게 되었다. 강사는 수업을 주제로 한 책을 여러 권 쓰고, 전국적으로 강의도 많이 다녔던 분이라 익히 알고 있었다. 퇴직 후에도 일본의 수업 명인들을 초청하여 통역도 하고, 직접 수업을 보여 주는 모의수업 강의도 해서 그 명성이 높은 분이었다. 평생교육원 강의 내용 중에 읽기 유창성 즉, 음독(音讀) 시간도 있었다. 소리 내서 읽는 활동이 왜 중요하고, 반복해서 읽는 방법은 어떤 것이 있으며 1분에 몇 음절을 읽어야 하는지 등을 들으며 유창성의 중요성을 알게 되었다.

특히, 일본의 서점에는 읽기 관련 책이 한쪽 면을 차지하는데, 우리나라는 연구가 미미해서 관련 책을 찾아보기 힘들다는 말이 인상 깊었다. 그런데 이론으로만 강의해서 지도할 실제 자료는 없었다. 내가 만들어야겠다고 생각했다. 교감 승진을 앞두고 있었기에 발령받은 학교에도 틀림없이 학습 부진아가 있을 것으로 예상하고 1·2학년 읽기 유창성 자료를 먼저 만들었다. 시간도 부족하고, 의욕만으로 쉽게 나올 수 있는 자료가 아니기 때문이다.

"교감 선생님, 우리 학교에 학습 부진아가 많습니다." 부임 인사 하러 갔더니 교장선생님이 한 말이다. 학업 성취도가 낮아 '학력 향상 중점학교'로 지정되어 예산도 많이 받았다고 했다. 글을 잘 읽지 못하는 아이들이 많아 그럴 것이라고 말했더니, 신기한 듯이 어떻게 알았는지 물었다. 또 그런 아이들을 지도할 수 있는 방법이 있냐고 물었다. 읽기 자료를 만들어 지도하면 될 것이라고 했더니 성질 급한 여교장은 출근 첫날부터 채근하기 시작했다.

출근하자마자 교무실에 들어서며 "교감 선생님, 그 자료 다 만들었어요?" 하는 것이었다. '부임한지 얼마나 되었다고 저러실까, 도깨비 방망이처럼 뚝딱하면 나오는 것으로 아나?' 교감으로서 행정 업무는 처음이라 모든 것이 낯설고 일이 많았지만, 교장의 재촉이 일주일을 넘어서자 더 이상 미룰 수 없었다. 결국 3~6학년 담임에게 부탁하여 바쁘게 '음독 고개'라는 자료를 만들었다. 물론 교장의 성화에 못 이겨 급하게 만드느라 만족스럽지는 못했다.

6개월 만에 그 교장은 광주 인근으로 옮겼지만 전교생 읽기 유창성 지도는 계속했다. 수업이 시작되기 전 약 10분 동안 교실에서 유창하게 읽기 지도를 한다. 읽기 실태를 알려고 4월에 진단평가를 하고 분기마다 담임이 평가해서 제출하게 했다. 그해 최종 평가는 12월에 내가 교실에 들어가서 했다. 정확하게 평가하여 실태를 알고, 아이들 개개인의 읽기 실력도 파악하려는 것이다. 첫해에는 크게 나아지지 않았는데 이듬해부터는 서서히 성과가 나타났다. 계속 하다보니까 교사들의 생각도 바뀌었다.

목포에서 부임한 교장은 아이들이 학예회에서 사회를 보는 것을 보고 놀라움을 금치 못했다. 유창성 지도 효과를 제대로 인정해 주었다. 그때가 부임한 지 2년 반쯤이 지난 시점이다. 그해 졸업생은 겨우 네 명이지만 중학교에 진학하여 상위권에 들었다는 소식을 듣고 어깨가 으쓱했다. 가까운 도시로 간 아이는 1·2등을 겨룬다고 했다. 오로지 유창성 지도만으로 나타난 결과는 아닐 것이다. 하지만 그것을 빼놓고 이야기할 수는 없다. '이것이 바로 작지만 강한 학교 즉, 강소학교야!' 나중에 확인했는데 내가 떠난 지 몇 년이 흘렀어도 이 시책은 계속 이어가고 있었다. 노력과 꾸준한 실천이 헛되지 않았다는 것을 증명하는 것 같아 기분이 좋았다.

교장으로 승진해서 간 학교에도 부진아는 여러 명 있었다. 담임에게 '음독 고개'로 지도해 보라고 권유해 보았으나 여의치 않았다. 이 문제로 고민하던 차에 '학교 속의 문맹자들'을 읽었다. 저자는 중학교 국어 교사를 하면서 글을 읽을 수는 있지만 뜻을 이해 못 하는 아이들을 보고, 읽기 능력을 기르려고 특별반을 만들어 보충 교육을 했다. 그 과정과 결과를 진솔하게 얘기하고 있으며 학교 안에 숨은 문맹자가 있다는 불편한 진실을 담았다. 이후 청주교대로 자리를 옮기게 된 저자와 전자우편을 주고받았고, 우여곡절 끝에 교사 연수까지 추진했다. 내용은 느린 학습자를 위한 개별화 교육 방법이었는데 나도 참여했다. 다른 연수와 달리 가르치며 배우는 5회기의 실행 연수였는데 안타깝게 기초과정에 머무르고 말았다. 청주에서 보성까지 너무 멀었기 때문이다.

여기서 멈출 수는 없었다. 내 학교 경영 철학 중의 하나는 교직원과 동반 성장이기에 전문성을 더 이끌어 주고 싶었다. 그래서 전주에서 '느린 학습자 개별화 교육 공부 모임'을 이끄는 선생님에게 부탁했다. 알고 보니 이들은 우리와 같은 과정의 연수를 받았지만 6개월 먼저 수강했고, 수강 시간도 과정에 맞게 확보하여 공부했다. 기초 과정 이후에 발음 중심 접근 방법의 전문가에게 연수를 받아 배울 것이 많았다. 하지만 내가 근무하는 곳이 외지다 보니 강사 섭외가 쉽지 않았다. 할 수 없이 접근성이 조금 나은 광주문화초등학교로 장소를 섭외하고 6회기에 걸쳐 토요일에 연수를 개설했다.

문해력 기초 과정과 심화 과정을 마친 선생님들의 전문성을 그대로 놓아둘 수는 없었다. 부진아를 가르치며 배운 느린 학습자 개별화 수업 방법을 강의해 보아야 정리도 되고 한층 성장할 수 있다고 생각했다. 후배 교장에게 부탁해서 같이 공부한 선생님들이 강의할 수 있도록 했다.

뒤이어 내가 새로 옮긴 근무지에서 두 번째 연수를 추진해 강의 기회를 마련했다. 두 번의 강의 경험을 살려 동료 선생님들은 자신감을 찾은 듯 보였다. 강의하기 전 모의 강의도 하고, 강의가 끝난 선생님에게는 개별적으로 피드백도 했다. 이후 같이 공부하는 교감 선생님이 새로 옮긴 근무지에서 연수를 추진하여 세 번째 기회로 이어가자 두려워만 하던 강의에 더 자신감이 생겼다.

그 이후에도 같이 공부하는 모임에서는 꾸준히 서울이나 경기 지역의 전문가를 초청하여 공부하는 기회를 만들었다. 난독증 아이를 지도하는 방법을 배우려고 서울에도 다녀왔다. 학교를 옮긴 이후에도 정보를 공유하고, 새로운 자료를 개발하려고 자주 만난다. 아울러 학교와 교육지원청에서 문해력 향상 연수 강의 요청이 있으면 협의하고 강의를 나간다. 올해는 전라남도교육연수원에서 1정 자격연수 강의에도 나갔으며 내년에도 할 것으로 예상한다.

교감으로 재직하면서 유창성 자료를 만들고, 적용해 본 것이 문해력의 토대를 다지는 데 큰 도움이 되었다. 교장이 되어 선생님들과 같이 공부하고 역량을 높일 수 있도록 열심히 지원해서 지도 방법을 키워 나갈 수 있는 발판을 만들었다. 그중 젊은 두 여선생님은 〈문해력 지원센터〉가 있는 청주교대에 파견 나가 있는데 돌아오면 전남 초기 문해력 향상에 큰 역할을 할 것으로 기대한다. 같이 공부하는 선생님들은 역량을 높이는 데 그치지 않고, 문해력이 뒤떨어진 아이들을 지도한다. 나도 1학년 한 명을 매일 아침 지도하고 있다. 이런 아이들이 읽기 능력이 커 가는 것을 보면 즐겁다. "글자를 배운다는 것은 세상을 향해 나아가는 도구를 갖는 것이다."라고 한다. 보람 있는 일이 아닐 수 없다.

따뜻한 마음으로

전남의 다문화 아이들 비율은 약 4.5%이다. 구례나 고흥 등의 농촌에는 이미 10%가 넘어섰다. 도시보다는 농촌 학교에 많다. 광주 인근에 있는 우리 학교는 전교생 53명 중 19명(36%)이 다문화 가정 아이이다. 엄마의 국적이 일본, 중국, 필리핀도 있지만 베트남과 캄보디아 출신이 유독 많다. 대체로 가정환경이 열악하여 학교생활에 문제 행동을 보이기도 하고, 공부에 흥미를 느끼지 못하는 아이들이 있다. 생활양식과 가치관 차이, 남편의 경제적 무능력, 가정 폭력 등으로 이혼율도 높고, 갈등을 겪는 가정이 많아 아이에게 정서적으로 나쁜 영향을 미치며 학습 부진과도 연결되는 것으로 보인다. 안타까운 일이다.

며칠 전 특수반 교사가 교장실 문을 두드렸다. 외부에서 운영하는 특수교육프로그램에 1학년 특정 학생을 참여시키고 싶다고 했다. 다문화 가정의 아이라며 부모의 동의를 얻었다고 한다. 작년에 1학년에 다니다가 행동에 큰 문제가 있어 유치원을 다시 다녔고, 올해 입학한 아이인데 주의력결핍 과잉행동장애로 다른 아이들에게 피해를 주는 행동을 자주 해서 아이들이 싫어한다는 것이다. 상급 학년인 형, 누나에게 버릇없이 굴고, 교사에게도 존댓말도 쓰지 않는단다. 지도는 하는데 태도가 쉽게 달라지지 않는다고 했다. 가정에 여러 번 이야기 했으나, 아버지는 이런 행동을 문제로 받아들이지 않기에 지도가 잘 되지 않는다고 한다. 조금씩 글을 읽지만 받침 있는 글자나 새로운 낱말은 잘 읽지 못한다는 얘기도 한다.

아이의 실태를 듣고 착잡했다. 주의력결핍 과잉행동장애 아이를 지도하는 방법을 알고 있느냐고 물었더니 새내기 특수학급 교사도 잘 모른다고 답한다. 특수반 아이들을 지원하는 특수교육실무사와 지도 방법을 의논하겠지만 그 실효성에 한계가 있을 것이라고 말한다. "1학년 담임교사는 특수학급 교사가 전문성을 발휘하여 지도해 줄 것으로 생각하기에 이 아이를 책임진다는 생각으로 교육에 임하는 것이 좋겠어요." 가정환경에 그 원인이 있을 것이므로 아이의 행동을 이해하고, 이 분야의 책을 읽고 지도 사례를 찾아 적용해 보는 것이 좋겠다고 했다. 이 아이를 지도하면서 교사가 성장하는 좋은 계기를 마련해 보라는 당부도 잊지 않았다.

작년에 전임지에서도 다문화 가정의 위기아가 있었다. 학습부진을 예방하고 해소하려고 모든 학년을 대상으로 읽기 진단 검사를 한 결과 1학년 12명 중에서 두 명이 문제가 있었다. 다문화 가정의 아이들이었다. 그중 한 아이는 아버지 혼자 키우는데 학교에 오시 않는 날이 잦았다. 가정방문으로 알게 된 사실은 학교에 가기 싫어하는 아이를 아버지가 용인할 뿐 아니라 학교에 보낼 마음조차 내지 않았다는 것이다. 아이는 학교에 오지 않는 날 주로 게임을 하고 지냈다. 실태를 파악한 이상 그냥 두고 볼 수만은 없었다. 교원 회의에서 글도 전혀 모르고 학교에 오기도 싫어하는 이 아이를 담임이 책임지고 지도하기로 했다. 그리고 또 다른 아이는 교감이 맡도록 했다.

1학기가 끝날 무렵, 교감이 개별 지도한 아이는 검사 결과 초기 문해력이 보통 아이 수준으로 향상되어 더 이상 지원이 필요 없었다. 그래서 9월부터는 그동안 담임이 지도하던 심각한 아이를 교감이 다시 맡았다. 교감은 그동안 느린 학습자를 구제하는 공부를 꾸준히 해 온 터라 지도에도 자신이 있었고, 아이가 성장하는 모습을 보면서 가르치는 재미도 있다고 했다.

11월쯤 되자 마침내 아이도 글을 읽고 쓸 수 있게 되었다. 그동안 표정이 밝지 못하고, 자신감도 없던 아이가 글을 읽게 되자 표정도 밝아지고 행동도 활발해졌다. 이뿐만이 아니다. 운동장에서 며칠간 땀을 뻘뻘 흘리며 자전거 연습을 하더니 탈 수 있게 되었다. 결석하는 날도 물론 없었다. 오히려 토요일 방과후학교 프로그램에 참석할 수 없는 것을 아쉬워했을 정도다. 이번 9월에 학교를 옮겼기에 이후 아이의 성장이 궁금했다. 최근에 2학년 담임 교사와 통화할 일이 있어 물어 보니 지금은 이 아이가 교실에서 글을 가장 잘 읽는다고 해서 뿌듯했다.

위기의 다문화 가정 아이들이 내가 근무하고 있는 학교에만 있지는 않을 것이다. 이런 아이들을 특별한 대책이나 별다른 방법 없이 방치하면 문제가 점점 커지고, 나중에 더 많은 사회적 비용을 치러야 할지도 모른다. 학교의 부적응이 사회로 이어지는 건 불을 보듯 뻔하다. 거꾸로 생각하면 다문화 가정의 아이들은 오히려 이중 언어를 배울 수 있는 좋은 여건에 있다. 아빠는 우리말을 잘하고, 엄마는 외국어를 잘하니 이중 언어를 잘 할 수 있는 여건을 갖춘 것이다. 특히 베트남은 신흥 시장으로 아시아에서도 급부상하고 있다. 이중 언어를 배워 둔다면 언젠가는 한국과 베트남의 가교 역할을 하는 데 중심 역할을 하지 않을까.

한국은 1990년대 이후 외국인이 증가하면서 점차 다문화 사회로 변하고 있다. 2019년 국내 체류 외국인이 245만 명에 달했고, 2028년에는 534만 명에 달할 것으로 예상하고 있다(법무부·통계청 자료). 혼인 가구 열 쌍 중 한 쌍이 다문화 가정이고, 농어촌 지역에는 네 쌍에 달한다고 한다. 지난주 뉴스를 보니까 우리나라도 4년 뒤에는 총인구의 5%를 넘는 다문화 국가가 될 것이라고 한다. 6세에서 21세까지의 학령 인구도 계속 늘어나 2040년이면 지금의 두 배가 된다고 한다. 정책의 변화가 없다면 위기의 학습자도 계속 늘어날 것이다. 어느 사회든지 집단의 5%가 넘어서면 목소리를 내기 시작하고 사회적 갈등이 본격화된다. 생명의 골든 타임이 5분인 것처럼 전문가들은 지금이 다문화정책 변화의 골든 타임이라고 한다. 학교에서도 위기에 놓인 다문화 가정 아이들에게 특별한 관심을 기울여야 한다. 이 아이들이 소외되지 않도록 따뜻한 마음으로 품어야 한다. 이 아이들은 외국인이 아니라 대한민국의 소중한 미래이기 때문이다.

제2부

행복을 안겨 준 딱따구리

한을 품고 살았던 어머니

우리 부모님은 여덟 남매를 두었다. 아버지는 초등학교 교사였는데 집에서 3, 4킬로미터쯤 되는 거리를 자전거로 출퇴근했다. 논밭이 좀 있었지만 손수 농사일하는 것은 거의 보지 못했다. 다만 모내기하는 날, 다른 사람은 허리가 휘도록 모를 심는데 당신은 논두렁에서 못줄을 잡아 주는 것이 전부다. 벼가 자라면 가끔 기다란 삽자루를 들고 물꼬나 보러 다닌다. 농사일은 강 건너 불 보듯 하기에 자식 키우고 들일까지 하는 것은 순전히 어머니 몫이었다. 다행스럽게도 누나들이 커 가면서 집안일을 많이 거들었다.

어머니 혼자서는 농사 일을 감당할 수 없어 머슴을 들였다. 그를 부리려면 함께 할 일이 많기에 늘 동분서주했다. 날이 궂어 바깥일을 못 할 때도 일손을 놓지 못했다. 타작한 콩을 몇 줌씩 상 위에 펼쳐 놓고 벌레 먹거나 튼실하지 못한 것을 골라내기도 하고, 해진 옷이나 구멍 난 양말을 기우기도 했다. 또 콩나물시루에 물을 주고, 다 자라면 서너 줌 뽑아다 다니기도 한다. 가끔은 간식으로 보리 개떡이나 수수 부끄미를 만든다. 어디 그뿐이랴. 일꾼을 부리려면 농주가 있어야 하기에 누룩으로 빚어 놓은 술을 수시로 확인한다. 잘 익었다 싶으면 채반에 걸러 보관해 둔다.

어머니는 내가 어렸을 때나 학창 시절에 가끔 고단했던 지난 일을 혼잣말처럼 했다. "나는 느그 낳고 산후조리 한 번 못 하고 밭일하러 다녔다. 허리가 휘도록 일만 했어. 비만 오려면 한두(허리와 골반뼈 부위를 가리킨 듯함)가 시어, 쯧!" 화가 점점 커지다가 결국 불만은 아버지로 귀결된다. "니 애비는 인정머리라고는 손톱만큼도 없는 사람이여. 집에 들어올 때 맛있는 거 한 번을 사 올 줄 안다냐? 같이 어디 가도 껌 한 통 사 줄지도 몰라. 앞장서서 휘휘 갈 줄만 알제. 내가 이날 이태껏 누굴 위해 사는디, 씹어 갈 놈. 휴!" 생각할수록 분한 마음이 올라오는지 평소에 피우지 않던 담배에 불을 붙였다. 자식과 일밖에 모르던 분이기에 짠한 마음이 밀려든다. 그럴 때마다 어른이 되면 아버지처럼 무심하지 않겠다고 다짐하곤 했다.

어머니가 살아 계실 때 가족이 모이면 작은형수는 남편에게 품은 불만을 자주 얘기했다. 그러면 옆에 있던 큰형수도 거든다. 그도 그럴 것이 작은형은 평소 술을 과하게 마시는 데다 실수도 잦다. 또 술버릇도 남달라서 입으로 술을 깨기에 밤새 상대해 주려면 너무 괴롭단다. 큰형은 내가 봐도 자상하지 못하고 무심하다. 두 형수의 얘기를 가만히 듣고 있던 어머니는 자식 흉보는 것은 듣기 싫다는 듯 퉁명스럽게 "니 애비를 닮아서 안 그러냐!"라고 한다. 그러고서 나를 힐

끗 보고는 "그런디 우리 시째(셋째)는 안 닮았어."라고 하면 조금 민망하다. 어쨌든 아내를 가장 부러워하는 사람은 작은형수다. 내가 술과는 거리가 멀고, 아내에게 다정하고 따뜻하게 대하는 것이 좋아 보였나 보다. 그래서 그런지 "자네는 좋겠네."라는 말을 입버릇처럼 했다.

꽤 오래전부터 가장을 비하하는 말이 유행하고 있다. '남편은 집에서 서열이 애완견 다음이다.', '이사 갈 때면 여자가 몰래 떼어놓기 전에 강아지라도 안고 있어야 한다.', '나이 들어 여자들이 제일 싫어하는 사람은 세끼 밥을 꼬박꼬박 챙겨 먹는 삼식이다.' 등이 그것이다. 이런 말을 하는 사람은 웃기려고 그러겠지만 남자들을 싸잡아 비난하는 것처럼 들리기에 불편하다. 내게는 그런 말이 농담처럼 들리지 않는다. 평소에 성차별 없이 대하고 상대의 처지를 생각하여 배려하려고 노력하며, 가장으로서 가족을 책임지려고 열심히 살아왔기에 전혀 받아들이고 싶지 않아서다.

우리 부모 세대는 여성이 차별받고 희생을 강요당했다. 지금도 일부 남아 있기는 하나 예전에 비해 많이 달라진 것도 사실이다. 흙탕물이 가득한 웅덩이에 새 물이 흘러든다고 해서 바로 맑은 물이 되지 않는다. 상당한 시간이 걸린다. 하물며 바람직하지 못한 성차별 인식이 바뀌는데 오죽하겠는가? 요즈음 젊은 세대는 육아와 집안일을 같이 하고 여성을 많이 존중해 주는 것 같다. 차별 없고 모두가 존중받는 사회로 점차 나아가리라. 부모 세대는 여성들이 한 많은 세상을 살았겠지만 이 글을 쓰면서 어머니 생각에 마음 한편이 저미어 온다.

결혼 축사가 걱정이다

지금은 주례 없이도 결혼하지만 예전에는 그렇지 않았다. 33년 전 일이다. 내 결혼식에 주례를 부탁하려고 아내가 다녔던 학교의 미술대학 학과장 집으로 찾아갔다. 물론 나는 초면이었다. 저녁 시간에 함께 어려운 발걸음을 한 것은 특별한 목적이 있어서가 아닌가. 주례를 서 달라는 말은 직접하지 않았지만 와 달라는 이야기였다. 자세히 기억하지 못하지만 마음이 전해졌을 것으로 철썩같이 믿었다.

결혼식 날, 식을 진행해야 하는데 주례가 오지 않아 난감한 일이 벌어졌다. 연락해 보니 세미나 참석 차 서울에 갔다는 것이다. 할 수 없이 아버지가 임시방편으로 하객으로 왔던 친구에게 부탁해서 간신히 위기에서 벗어났다. 그분은 종종 주례 일을 하기에 그럴 수 있었던 것이다. 하지만 무슨 말을 들었는지 전혀 기억하지 못한다. 지금 생각해도 참 고마운 분이었다. 나중에 주례를 펑크 낸 학과장에게 전후 사정을 전했더니 많이 미안해하더란다. 찾아간 목적을 정확하게 말하지 않아서 생겼으므로 그럴 일도 아니었다. 그 이후로는 같은 실수를 하지 않으려고 노력한다. 그때의 일이 약이 된 셈이다.

내년 4월에 아들이 결혼한다. 일편단심 한 여자와 오래 사귀는 것도 유전인가 보다. 어떻게 생긴 아이인지 여러 차례 보자고 해도 공무원 시험에 합격하면 소개한다고 하여 마냥 기다렸다. 몇 차례 다른 사람을 소개해 준다고 해도 "알았어요." 하고 웃어넘긴다. 녀석의 마음을 알아차린 뒤에는 더 얘기하지 않았다. 드디어 작년 10월에 소식을 전했다. 그리고 올봄에 집으로 찾아와 얼굴을 볼 수 있었다. 이 녀석도 여자 친구의 집에 가서 인사를 했단다. 그 뒤에 결혼식 날짜를 어떻게 할 것인지 얘기가 오갔다.

여자 친구의 할머니가 사주를 보고 날짜를 잡았다고 전했다. 그런데 하필 일요일이다. 서울에 사는 사람이 결혼식에 참석하려면 토요일이 더 낫겠다고 했더니, 다른 날로 하면 의미가 없다고 해서 그냥 그 날짜로 하자고 했다. 주례는 마땅히 부탁할 사람이 없단다. 양가 부모가 주례사를 대신하는 것을 두어 번 본 적이 있어서 그렇게 해도 될 것 같다고 했다. 아직 날짜가 많이 남아 있기는 하나, 양가 아버지가 하게 되면 무슨 말을 해야 할지 은근히 걱정이다. 이 애들의 인생 선배이기도 하지만 평생 교직에 몸담은 나로서는 부담스러운 일이 아닐 수 없다. 경험을 밑천으로 진솔하고 짧게 얘기하면 되지 않을까 싶다.

먼저, 상대를 소중히 여기며 살면 좋겠다. 연애 기간이 길었던 만큼 상대를 많이 알 것이다. 긴 연애 기간 여러 차례 밀고 당기기를 했을 것이지만 헤어지지 않고 여기까지 온 것은 '이만한 사람도 없다.'라고 판단한 결과일 것이다. 앞으로도 상대를 소중히 여기며 살아간다면 두 사람 사이에 갈등이 생기더라도 지혜롭게 넘길 것이다. 그러려면 상대가 싫어하는 말이나 행동을 빨리 알아차리고 하지 않으면 된다. 잘못한 일이 있으면 자존심 내세우지 말고 진심으로 사과한다면 미움이 싹틀 여지가 없다. 유대인은 그 어느 민족보다 이혼율이 낮다고 한다. 남성이 여성을 소중히 여기는 전통이 강하기 때문이라고 한다. 내 쪽에 맞추지 않는다고 상대를 비난할 것이 아니라 상대에게 맞추려고 노력하면 행복하게 지낼 수 있을 것이다.

다음으로 하고 싶은 말은 집안일이나 육아를 동등하게 하라는 것이다. 흔히 집안일은 열심히 해도 티 나지 않는다고 한다. 여자 일이라 생각하고 소홀히 해서는 안 된다는 말이다. 빨래뿐만 아니라 밥도, 청소도 해야 한다. 맞벌이하는 부부는 특히 이 점에 유의해야 한다. 남자가 밖으로만 돌고 가사 일을 소홀히 하면 불만이 쌓이고 갈등이 생긴다. 아이가 생기면 육아하느라 보통 힘든 것이 아니다. 자랑은 아니지만 더운 여름에 연탄불 넣은 뜨끈뜨끈한 방에서 며칠간 땀으로 목욕하며 잔 적이 있다. 산후조리에 필요하다는데 나만 시원한 방에서 잘 수 없어서다. 이렇듯 불만이 쌓이지 않으려면 함께 해야 한다. 교육 문제도 같이 고민하고 의논하면서 해결해야 한다. 학부모 회의가 있으면 늘 강조하는 말이 있다. 가정은 최초의 학교이므로 부모는 최고의 선생님이어야 한다고. 그러려면 부모가 모범을 보여야 하며, 공부하지 않으면 안 된다는 사실을 잊지 않았으면 좋겠다.

결혼식장에서 신랑 신부가 주례사에 얼마나 귀 기울이는지 모르겠다. 내가 모범적인 가장은 아니지만, 부모라면 자식이 건강한 가정을 이루며 살기를 바라는 마음은 같을 것이다. 결혼해서 행복하게 살려면 여러 가지 노력이 필요하다. 최소한 위에서 말한 것만이라도 지켰으면 하는 바람이다.

아버님, 저도 한 잔 주세요

얼마 전에 예비 큰며느리 가족과 상견례를 했다. 장소는 우리가 잡았다. 어디가 좋을지 고민하다가 조용한 곳에서 수수하게 밥 한 끼 먹으면 되지 않을까 싶어서 아내에게 한식당에 예약하라고 했다. 양쪽 집에서 가까울 뿐만 아니라 예전에 가 본 곳이다. 찾아보니 가격도 생각만큼 비싼 편이 아니라서 여러모로 마음에 들었다.

그런데 상견례를 하루 앞두고 아내가 심하게 아팠다. 위통이라며 배를 움켜쥐고 뒹굴기까지 했다. 과식하거나 잘못 먹은 것도 아니고 새벽까지 아무렇지 않았는데 갑자기 그러니 당황스러웠다. '병원에 가면 좋으련만!' 빨리 가서 약을 지어오라기에 할 수 없이 다녀왔다. 길쭉한 비닐 팩의 한쪽을 자르고 하얀 액체를 쭉 짜서 먹더니 거짓말처럼 통증이 가라앉는단다.

담양의 주말 주택 앞집의 김장을 도와주러 가기로 한 날인데 힘들게 일하면 얼굴이 부을 것 같더란다. 그런 모습으로 상견례하러 가는 것이 내키지 않았다는 것이다. 이런저런 걱정에 깊은 잠을 자지 못했더니 그리 된 것 같다고 했다. 무슨 일이 생기면 예민하게 받아들이는 편이지만, 이해가 되지 않았다.

오후에 주말 주택에 들렀다가 집으로 오는 길이었다. 중요한 약속인데 차질이 생기면 안 되니까 확인해 보라고 했다. 전화를 끊더니 주인인 듯한 아주머니가 너무 기분 나쁘게 말해 그 식당에 가기 싫단다. 우리는 점심 메뉴로 예약했는데 상견례치고는 너무 싼 것으로 했다고 한다. 아내는 어찌해야 할지 걱정이 태산이었다.

집에 도착하니 큰녀석이 와 있었다. 평소에는 금요일에 오는데 당직을 섰단다. 저녁을 먹으며 음식점 아주머니와 나눈 얘기를 들려주었다. 메뉴를 어떻게 하면 좋을 것인지 물었다. "어려운 자리라 많이 먹을 수도 없을 거잖아요. 굳이 비싼 음식으로 바꿀 필요가 있어요?" 의외의 대답이었다. 아이들은 부모를 보고 자란다는 말을 확인해 주는 것 같았다. 그날따라 큰녀석이 대견해 보였다. 잠시 일었던 마음의 격랑은 평온을 되찾았다.

드디어 상견례하는 날, 아침을 먹고 나니 생각만큼 시간의 여유가 많지 않았다. 무슨 옷을 입고 갈 것인지 아내가 물어서 깨끗한 차림이면 될 것 같다고 했더니 정장을 입으란다. 그때부터 마음이 바빠지기 시작했다. 아무거나 입고 가려고 준비해 두지 않았기 때문이다. 정장 대신에 점잖게 보이는 검은색 콤비를 입기로 했다. 아내는 바지에 구김을 없애야 한다며 스타일러스에 넣어 작동시켰다.

큰녀석도 차려입느라 부산하기에 농담으로 "니 지수(예비 며느리 이름)에게 딸리는 거 있냐?" 했더니 웃고 만다. 시간이 다가오자 어떻게 자리를 앉고, 무슨 얘기를 나누어야 할지 걱정이 되었다. 또, 지켜야 할 예의도 있을 것 같았다. 여러 생각이 꼬리를 물자 조급해졌다. 인터넷에서 몇 가지 도움이 되는 내용을 찾을 수 있어 다행이었다. 그것을 바탕으로 전체적인 그림을 그려 보니까 자신감이 생겼다. 출발하기 전에 아들에게 신용 카드를 주었다. 음식을 먹고 나서 센스 있게 계산하라는 뜻에서다.

약속 시간보다 10분쯤 일찍 도착할 요량으로 집을 나섰다. 예약한 방은 입구에서 가까웠으며 아늑했다. 자개로 만든 공작 무늬의 병풍이 인상적이었다. 안쪽에서부터 나, 아내, 큰아들, 작은아들 순으로 앉았다. 사돈 가족이 술을 전혀 마시지 못한다는 것을 알지만 큰아들에게 미리 술도 한 병 주문하라고 일러두었다. 긴장하고 어색한 분위기를 깨는 데에는 윤활유가 될 수도 있기 때문이다.

밖에서 인기척이 나자 일어섰다. 자연스럽게 큰아들에 이어 예비 며느리가 가족을 소개하고 모두 앉았다. 잠시 침묵이 흘렀다. "준비한 꽃바구니는 언제 주려고 그러냐?" 내 말에 모두 웃었다. 사전에 얘기해 두었는데 긴장해서 잊어버린 것이다. 아들은 안사돈에게, 예비 며느리는 아내에게 주었다. 분위기가 한결 가벼워졌다.

그러는 사이에 종업원이 음식을 차린다. "고급 음식점으로 초대할 것인데 너무 우리 생각만 한 것은 아닌지 모르겠습니다."라고 하니 가깝고 조용해서 마음에 든다고 했다. 바깥사돈은 과묵해서인지 주로 안사돈이 응대했다. 얘기가 진행된 지 얼마 되지 않아 복분자 술이 들어왔다. 우리 쪽은 모두 잔을 채웠지만 사돈 쪽은 조금씩 따랐다.

듣던 대로 사돈 쪽은 전혀 술을 마시지 못했다. 나만 혼자 어색한 분위기를 벗어나고 싶어 연거푸 석 잔을 마셨다. 그때 저쪽에서 "아버님, 저도 한 잔 주세요."라고 한다. 예비 며느리에게 눈길이 쏠렸다. 안사돈이 "마시지도 못하면서, 귀까지 빨개졌잖아!"라고 해서 보았더니 전체적으로 얼굴이 불그레했다. 모두가 한바탕 웃었다. 분위기를 맞춰 주려는 마음이 예뻤다.

이런저런 이야기를 나누다 보니 시간이 어느덧 많이 흘렀다. "화려한 음식보다는 수수한 음식이 좋았습니다. 맛도 있지만, 양도 적당했어요." 안사돈이 우리에게 듣기 좋으라고 한 말은 아닌 듯했다. 기회가 닿으면 사돈끼리 해외여행도 같이 가면 좋겠다는 말도 덧붙였다. "상견례가 궁금했는데, 참고가 많이 될 것 같습니다." 아직 미혼인 예비 며느리 언니도 활짝 웃으며 말했다. 염려는 많이 했지만 잘 진행된 것 같아 기분이 좋았다. 아내도 아들도 같은 마음인 듯했다.

어렵고 조심스러운 자리를 벗어나니 마음이 가벼워졌다. 집으로 오다가 시내가 잘 보이는 풍경 좋은 찻집에서 오랜만에 두 아들과 즐겁게 뒷얘기를 나누었다. 방을 나서며 며느리 될 아이가 작은아들에게 "이 신발이 도련님 것 맞아요?"라고 말했다기에 크게 웃었다. "큰 일을 치르고 난 뒤라 그런지 커피 맛이 여느 때와 다르게 느껴졌다.

깜순아, 미안해

저녁을 먹고 동네 체육 공원에서 강아지를 데리고 운동하고 있었다. 남은 강아지 한 마리와 반대 방향으로 산책을 나갔던 아내에게 전화가 왔다. "나, 이상해. 움직일 수가 없어. 넘어졌는데 얼굴에서 피가 나는 것 같아." 다 죽어 가는 목소리로 말했다. 시멘트 포장길이어서 평탄하기에 다칠 만한 장소가 없는데 의외였다. 어디에서 그랬는지 짐작할 수도 없었다. 조급한 마음으로 한참을 가다 보니 길옆 벤치에 앉아 있었다. 왼쪽 광대뼈 근처에 난 상처는 그리 심하게 보이지 않았지만, 코 아래는 달랐다. 길쭉하게 패인 흔적이 역력했고, 계속 피가 나고 있었다.

집에 와서도 멈추지 않았다. 금방 나을 상처가 아니었다. 아내는 "큰아들 결혼식도 얼마 남지 않았는데 이게 무슨 날벼락이야!"라며 근심이 가득했다. 아직 한 달이나 남아 있으니 너무 걱정하지 말라고 위로했으나 별 소용이 없었다. 늦은 시각이어서 약국이라도 다녀오기로 했다. 다행히 근처에 24시간 문을 여는 곳이 있었다. 소독약과 연고로 응급 처치를 했다. 지혈해서 피는 더 이상 나오지 않았다. 아내는 넘어진 것이 내 탓이라고 했다. 검은 푸들 깜순이에게 짜증을 내는 바람에 신경이 쓰여 그렇게 된 것이란다. 내가 어디쯤 오나 쳐다보다가 발을 헛디뎌 다리가 꼬였단다.

강아지를 키운 지 꽤 되었다. 그런데 하얀 푸들 미미가 몇 년 전부터 아프기 시작했다. 저녁이나 주말이 되면 행여 밖으로 산책 나가지 않는지 두 녀석이 번갈아 가며 내 눈치를 살핀다. 날씨가 좋으면 간간이 데리고 나간다. 이날은 내가 밖으로 나갈 때까지만해도 아내는 운동할 생각이 없었다. 쇼파 밑으로 들어간 미미를 기다렸다가 뇌수막염 약을 먹이려고 했다. 그 시간이 되면 어찌 알고 슬그머니 숨어 버리기에 나오면 붙잡으려고 노리고 있었다. 녀석들은 밖에 데리고 나가려는 낌새를 보이면 행동이 부산하고 어린애처럼 조른다. 이런 특성을 활용하면 금방 속았는데 이제 그 효험이 다했는지 아무리 유인해도 기미가 없자 깜순이를 데리고 나와 버렸다.

그런데 평소 같으면 쉽게 배변하던 녀석이 그날따라 달랐다. 한참을 가다가 하필이면 사람이 많은 곳에서 실례했다. 더구나 똥이 털에 묻었는지 엉덩이를 땅바닥에 대고 움직이려고 하지 않았다. 닦아 주어도 소용없었다. 할 수 없이 녀석을 옆구리에 끼고 집으로 향하는데 아내가 미미를 데리고 나타났다. 짜증을 냈더니 강아지를 바꾸자고 한다. 괜히 데리고 나왔다며 실망하던 터라 잘 되었다 싶었다. 그런데 얼마 지나지 않아 그만 일이 벌어지고 만 것이다.

아내는 통증이 심해 밤새 잠을 설쳤다. 진통제를 사 오라고 할 것인데 그 말을 안 했다며 후회했다. 깜순이는 여느 때처럼 아침 일찍 방문을 긁었다.(거실에서 자던 녀석들이 새벽 네다섯 시만 되면 안방 문을 긁으며 열어 달라고 보챈다.) 평소 같았으면 들어 주었겠지만, 그날은 내키지 않았다. 아내가 다친 것이 깜순이와 무관하지 않다고 생각해서다. 녀석은 내가 화가 난 줄도 모르고 계속 들어가려고 했다. 식탁 의자에 걸려 있던 수건으로 때리는 시늉을 하며 겁을 주었다. 꼬리를 내리고 이리저리 몇 번 피해 다니는 걸 보면서도 녀석을 끝내 들여보내지 않았다. 새벽녘에 겨우 잠든 아내를 깨울 것이 뻔했기 때문이다.

그 이후 녀석은 밥도 먹지 않고 움직이는 것도 신통치 않았다. 퇴근하면 꼬리가 떨어질 듯이 흔들어 대며 안아 주라고 하던 녀석이 쇼파에 웅크리고만 있었다. 아내는 "내가 넘어져서 일어나지 못하고 있는데 옆에서 끙끙거리며 핥아 주었어."라며 충격 때문일 것이라고 했다. 원망할까 봐 아침에 있었던 일을 털어놓지 않았다. 녀석은 노란 위액만 여기저기에 토해냈다. 병원에 알아 보니 많이 놀라면 그럴 수도 있단다. 그러다 죽는 개도 있다고 의사가 말했단다. 걱정이 이만저만이 아니었다.

사흘째 되는 날도 나아질 기미가 보이지 않았다. 그대로 두고 보기가 안쓰러웠다. 말 못 하는 짐승한테 해코지했나 싶어 편치 않았다. 퇴근하고 나서 쇼파에 웅크리고 있는 녀석의 머리에 얼굴을 대고 "너를 때릴 생각은 없었어. 너 때문에 엄마가 다친 것도 아닌데 미안하다. 용서해 주라." 진심으로 사과했다. 눈만 껌뻑이고 있었다.

다음 날 아침에도 배변판 주변에 설사가 심했다. 피까지 섞여 있었다. 그날도 아내가 집에 없는 틈을 이용해 사과했다. 저녁에 운동하고 들어오니 손에 밥을 들고 입에다 넣어 주고 있었다. 하지만 삼키지 않고 계속 뱉었다. 물에 불려서 먹여 주는 방법을 쓰자 조금 받아들였다. 안 먹어도 되는 다른 녀석은 그 밥이 맛있는지 계속 달라며 속없이 따라다녔다. "내일 병원에 데리고 가 봐." 의료보험이 안 되기 때문에 병원비 감당을 못 한다며 하루 더 지켜보잔다. 이튿날 아침에는 설사 흔적은 있었으나 전날처럼 심하지는 않았다. 조금 희망이 보였다.

체구도 작은 데다 먹지 못해서 며칠 만에 등뼈가 앙상하게 드러났다. 다음 날도 기운을 차려야 한다며 먹여 주었다. 심지어 영양죽까지 쑤어서 주는 것 같았다. 받아먹는 것도 조금씩 나아졌다. 아내가 다친 지 일주일이 되던 날 아침이었다. 배변판 주변에 설사는 온데간데없고 굵은 똥만 여기저기 보였다. 순간 마음이 가벼워졌다. "여보, 이제 깜순이 나았나 봐!" 아침잠이 많은 아내도 이를 확인하며 즐거워했다. 퇴근해서 집에 들어서는데 꼬리가 떨어지도록 흔들어 대며 아무 일도 없었다는 듯이 반겨 주었다. 며칠간 마음고생이 심했는데 고마웠다. 녀석을 번쩍 들어 "깜순아 고맙다. 다음에는 그런 일 없을 거야."라며 여러 번 쓰다듬어 주었다.

마음이 따뜻해야

작은아들 책상 위에는 대한적십자사에서 보내 준 은장(銀裝)이 있다. 자그마한 액자 속에 들어 있는 은빛 메달이다. 붉은색으로 되어 있는 원 안에는 형상화된 흰색의 혈액 방울이, 그 가운데는 적십자 마크가 있다. 원 바깥쪽은 별빛 모양이다. 컴퓨터가 있는 방이라 자주 들어가는데 눈길을 끈다. 작은녀석의 것이지만 내가 받은 것처럼 뿌듯하다. 헌혈을 30번 했다는 증표로 보내 준 것이다. 금장이 목표라고 하면서 50번을 채우겠단다.

고등학교에 다니면서부터 헌혈을 시작했다. 네 시간 봉사 활동으로 인정해 주기 때문이다. 처음에는 영화표를 받는 것도 재미가 있었단다. 조금 핼쑥하고 피곤한 기색이 엿보이면 헌혈한 날이다. 그럴 때마다 안쓰럽다고 그만하라는 아내와 달리 나는 "누구나 할 수 있는 일이 아니므로 가능할 때까지 해도 좋지 않겠어?"라고 지지해 주었다. 학교에서 도덕적인 생활을 강조하면서 한 번도 용기를 내지 못한 아쉬움이 있어서다.

작은아들은 나를 많이 닮았다. 내향적이고 계획적이다. 긍정적인데다 체계적이다. 방 정리도 깔끔하게 잘한다. 친구의 폭은 좁지만 깊게 사귀는 면에서는 비슷하다. 하지만 다른 사람의 처지를 이해하고 공감하는 면에서는 나와 비교가 되지 않는다. 신체적으로 장애가 있거나, 불우한 가정환경으로 성격이 비뚤어졌거나, 우울증으로 학교생활에 적응이 어려운 친구와 가깝게 지낸다. 중학교 이후에 더 도드라진다.

고등학교 때 사귄 친구는 한쪽 어깨를 쓰지 못한다. 겉으로 보기에는 아무 이상이 없다. 어렸을 적에 교통사고를 당해서 치료하는 중에 또 사고가 났다. 그 바람에 한쪽 어깨 치료는 포기했다고 한다. 양쪽 다 신경 치료를 하면 뇌에 부하가 커져 위험할 수도 있기 때문이다. 수도권 대학에서 심리학을 공부했으나 전공을 살릴 수 있는 길이 막막하자 몇 차례 공무원 시험에 응시했다. 다행히 서울시교육청 공무원 시험에 합격하여 발령을 앞두고 있다.

최근에 근황을 물어 보니 건강에 적신호가 켜져 열심히 다이어트하는 중이라고 한다. 웬만한 일은 한 손으로도 가능해서 생활에 큰 불편을 느끼지 못하나 할 수 있는 운동이 제한적이어서 등한시했던가 보다. 그 친구와 가깝게 지내는 이유를 물으니 “배울 점이 많고 마음이 잘 통해요.”라며 밝고 긍정적이란다. 외모나 행동거지를 보고 호감이 가지 않으면 가까이 하고 싶은 마음이 안 드는 나와는 다른 점이다.

작은녀석은 몸무게가 기준에 미치지 못해 상근예비역으로 판정 받았다. 하지만 현역으로 자원했다. 전방에서 경계 근무 경험이 있던 친구의 무용담을 듣고서다. 군 생활을 하면서 체력 단련실에서 근육을 키우려고 노력했다. 체중을 늘리는 목적이 있어서다. 어느 날, 후임병과 탄약고 경계 근무 중에 꿈을 물었더니, '디스크자키'라면서 몸매도 가꾸어 보고 싶다고 하더란다. 살이 많이 쪘던 그에게 헬스 운동을 권유한 뒤로 함께 열심히 했다. 몸이 좋아지면서 자신감도 생겼으며 표정도 밝아졌다고 한다.

처음에 그는 동료나 상급병에게 미움을 받았다. 청소 시간에는 사라지고, 작업 시간에는 뒤로 빠지기 일쑤였다니 짐작이 간다. 부대 안에 그를 좋아하는 사람이 없었는데 경계 근무 중에 그의 이야기를 귀담아 들어준 뒤로 작은녀석을 많이 따랐단다. 운동도 열심히 했지만, 책도 즐겨 읽게 되었다. 처음에는 헬스 관련 책을 빌려주었고 점차 좋아할 만한 책을 읽어 보라고 했다. 나중에는 당직 사관에게 허락을 받아 부대 안에 있는 작은 도서관에서 같이 열두 시까지 읽고 이야기를 자주 나누었다고 한다.

그의 집은 부산이다. 어렸을 적에 부모가 이혼하고 할머니 슬하에서 자랐다. 사랑을 많이 받지 못해서인지 따뜻하게 대했던 작은녀석을 믿고 의지했다. 제대하고 집에 있을 때였다. 그 후임병이 휴가를 나와 할머니보다 아들을 먼저 찾았다. 담양에 있는 주말 주택에서 하루 묵고 나서 집으로 갔다. 그는 제대 후에도 운동을 계속해서 '부산

헬스 선수권 대회'에서 수상을 두 번(2등과 4등)이나 했다. 피트니스 모델이 꿈이다. 곧 있을 대회에도 준비 중이란다. 그는 이제 미래를 꿈꾸는 어엿한 청년이 되었다.

아들은 대학에 다니면서 군 복무를 마친 친구들과 가깝게 지냈다. 방사선사 시험을 앞두고 정보를 공유하느라 연락이 잦더니 지금은 이러저러한 이유로 뜸하다. 하지만 지속적으로 관심을 쏟는 선배가 있다. 나이가 우리 아이보다 더 많아 형이라고 부른다. 그에게 관심을 기울이는 특별한 이유는 학교 다니면서 우울증이 심해서 다른 사람의 도움이 필요하다고 생각했기 때문이다. 세상일에 부정적이고 자존감이 낮다. 목표 의식이 뚜렷하지 않고 성취 의욕도 낮다. 부모님한테 인정도 받지 못한다. 걱정되는지 자주 연락하고 가끔 그의 집에 가서 자기도 한다.

겨우 졸업은 했지만, 자격증은 취득하지 못했다. 무기력하게 있던 그에게 바리스타 자격증에 도전해 보라고 권해서 활기를 찾았다는 소식을 듣고 좋아했다. 얼마 뒤에는 커피숍에 취직했다고 해서 우리 가족은 내 일처럼 기뻐했다. 그런데 못 미더웠던지 지점장이 날마다 허드렛일만 시킨단다. 조만간 그만두고 방사선사 자격증에 도전할 것이라며 작은녀석에게 도움을 청했다. 듣고 있던 아내가 "하루 이틀도 아니고 여러 날을 공짜로 해줄 수는 없는 것 아니냐?"라고 하자, 녀석은 그럴 수 없다는 반응이다. 외모도 왜소한 데다 정신적으로 허약한 녀석에게 그토록 관심을 보이는 것을 보면 확실히 남다른 면이 있다.

요즈음 어느 당 대표는 장애인들과 갈등이 생겼다. 공감 능력이 낮아서다. 사람들은 그가 유명 대학을 다녔기에 똑똑할 것이라고 믿고 주목한다. 처음에는 나도 그랬다. 하지만 관심을 거두었다. 지능지수는 높을지 모르지만, 다른 사람의 마음을 헤아리는 공감지수는 낮다. 한마디로 가슴이 차갑다. 말은 현란한 것 같지만 쓸 말이 적고, 핵심도 파악하기 어렵다. 정치인은 누구보다 다른 사람의 처지를 이해하고, 약자를 보듬어 주는 따뜻한 마음이 있어야 한다. 국민을 갈라치는 얄팍한 술수로는 인기를 오래 끌 수 없다.

며칠 전, 작은녀석에게 친구들 소식을 물어보면서, "너는 다른 사람의 처지를 잘 이해하는 것 같아."라고 했더니 "엠비티아이(MBTI) 검사에서 테레사 수녀와 같은 유형이었어요."라며 웃는다. 다른 사람을 돕는 것이 즐겁단다. "공무원 시험에 합격해서도 그쪽 분야의 공부는 계속하려구요."라고 한다. 부모가 가르쳐 주지 않아도 정의롭고 마음 따뜻한 아이로 자란 것 같아 대견하다.

추억의 마력

얼마 전까지만 해도 우리 가족은 시골 큰형님 댁에서 명절을 쇘다. 오랜 기간 큰형수가 주도적으로 준비했지만, 세상을 떠난 후엔 아내 몫이었다. 작은형수는 서비스업에 종사하기에 비켜나 있었다. 장 보는 데 따라가서 짐 들어 주고, 오갈 때 운전하는 것은 내 몫이다. 명절을 앞두고 부산하게 차례 음식 장만하는 것을 보면 미안한 마음이 가득하다. 놀면서도 마음이 편치 않다. 설거지라도 해 주고 싶으나 마음뿐이다. 아들, 조카들이 있으나 시키기도 그렇고, 멋쩍을 것 같아 나서지도 못한다. 명절이 지나면 어려운 숙제를 해낸 듯이 안도감이 든다.

문제는 음식의 종류와 양이 너무 많다는 데 있다. 간편하게 준비하면 좋으련만 너무 복잡하다. 특히, 생선과 전 그리고 떡이 그렇다. 생선은 큰형님이 서대와 덕자(큰 병어), 죽상어를 빼놓지 않는다. 가격도 만만치 않을 텐데 가장 큰 것을 사 온다. 솥에 넣고 찔 때 모양이 흐트러지지 말라고 긴 대꼬챙이를 위와 아래로 끼운다. 서대는 너무 길어 넣기도 힘들다. 조심스럽게 욱여넣어야 겨우 들어간다. 명절 때마다 좀 작은 것을 사라고 해도 그저 웃고 만다. 제사상에는 무조건 큰 것을 올려야 한단다. 상차림을 보면 만족스러울지 모르지만 맛이 없다. 어차피 우리가 먹을 것인데 차라리 맛있는 굴비로 준비하면 어떠냐고 몇 번이고 말해도 쇠귀에 경 읽기다.

명태전, 고기전, 소시지전 등도 문제다. 종류도 여러 가지이지만 너무 많이 부친다. 널따란 채반에 수북하다. 기름 냄새 맡으며 긴 시간 동안 수고하는 것을 보면서 좀 적게 준비하면 좋지 않겠느냐고 아내에게 말해도 소용이 없다. 8남매에다 딸린 식구까지 올 것으로 예상해서 그런지 모르겠다. 매번 많이 남는다는 것을 알면서 그렇다. 먹을 게 귀해 명절에나 잘 먹어 보자는 옛날도 아니고, 맛있고 입에 단 음식이 넘쳐나는 세상에서 차례 음식은 한 끼면 족하지 않는가! 떡은 집에 갈 때 싸줄 것까지 계산해서 한다. 하지만 이런 음식은 냉장고에 들어갔다 나오면 맛이 덜할뿐더러 공간만 차지한다. 가지고 와 봤자 잘 먹지도 않는다. 처음에는 주는 대로 받아왔으나 언제부터인가 거절했다.

음식 준비도 그렇지만 대식구가 머무는 데도 비좁기 그지없다. 삼 형제가 낳은 자녀 일곱에, 큰조카가 결혼해서 낳은 아이들까지 한데 뒤섞여 보통 복잡한 것이 아니다. 다른 형제간은 다 객지에 나가 있어 큰형님 집의 방 세 칸이 전부다. 남자, 여자, 아이들이 각각 한 칸씩 차지하여 우글우글 옹색하게 잔다. 다음 날이면 어김없이 누나와

여동생 가족, 조카사위까지 들이닥친다. 한쪽에서는 이야기꽃을 피우게 되고, 다른 쪽에서는 술상이 벌어지는가 하면 안방에서는 아이들이 텔레비전에 열중한다. 이곳저곳 사람이 많아서 엉덩이를 붙이기도 힘들다. 술을 좋아하면 주거니 받거니 목소리 높여 가며 한데 어울릴 수도 있으련만 이도 아니어서 그럴 땐 어서 벗어나는 것이 상책이다. 우리라도 빠져나오면 좀 낫겠다 싶어 처가에 간다는 핑계로 서둘러 나오면 속이 후련해진다.

조카들이 결혼하고 아이가 늘어 가자 큰형님이 이제는 명절을 각자 집에서 지내는 것이 어떠냐고 했다. 대식구 음식 준비도 힘들고, 장소도 비좁아 눈치만 보고 있었는데 적절한 제안이다 싶었다. 묵묵히 대가족 수발을 해내던 큰형수가 안 계신 것도 큰 요인 중의 하나다.

이제는 서울에서 조카가 내려오지 않고 큰형님이 올라가신다. 아이들이 아직 결혼 전인 나는 간단하게 지내기도 하고 무엇보다 아내의 눈치를 더 이상 보지 않아서 좋다. 누나들도 모두 손주가 있고, 일흔이 넘거나 가까운 나이라서 굳이 부모 안 계시는 친정까지 이동할 이유는 없으리라. 성묘는 아들 삼 형제를 주축으로 사전에 날을 잡아 간단하게 하면 그만이다.

이번 추석은 그 어느 때보다 단출하게 지냈다. 아내는 명절 분위기를 내려는지 나물류 세 가지는 꼭 해야 한다며 준비했다. 전도 몇 가지 부쳤다. 차례상 구색을 갖추려는지 배와 김을 기어이 사서 상을 차린다. 차례상을 보니 초라하지는 않았다. "차례는 설이나 추석 명절 낮에 간단하게 지내는 제사를 말하는데, 우리 집은 지내야 할 제사가 없지만 이만큼 사는 것도 조상의 은덕이니 감사하는 마음으로 절을 하자."고 아이들에게 말했다.

장장 5일이나 되는 긴 연휴지만 코로나19로 찾아오는 이도, 찾아갈 곳도 마땅치 않아 텔레비전 앞에 앉아 있는 시간이 길었다. 복잡하고 정신없던 예전의 명절이 그립기까지 했다. 그때는 아득했다. 두 아들 녀석이 장가들어 손주라도 생기면 그때나 벗어나려나 싶었다. 생각보다 그 시간은 빨리 왔다. 이제는 다 지나간 옛일이다. 추억은 이처럼 복잡한 것도 단순화하고, 아름답게 포장하는 마력이 있나 보다.

미미와 깜순이

집에 들어서면 날마다 열렬히 반기는 두 녀석이 있다. 쓰레기만 버리고 와도, 집 가까운 곳에서 운동하고 들어와도 그렇다. 특히 몇 시간 동안 외출했다가 돌아오거나 퇴근하면 꼬리가 떨어질 만큼 흔들어댄다. 그러면서 안아 달라고 보채기까지 한다. 그런데 막상 예뻐해 주려고 하면 한 녀석은 몸을 둥글게 하여 들어올리기 편하게 서 있지만, 다른 녀석은 소파에 발딱 드러누워 버린다.

눈치는 9단이다. 출근할 때는 따라나서지 않는다. 하지만 휴일은 예외 없이 나와 아내의 동태를 살피는 감시자다. 이 방 저 방 쫓아다닌다. 작은아들 방에서 컴퓨터 작업을 하고 있으면 침대에서 진을 치고 지켜본다. 그러다 밖으로 나가려는 낌새가 조금이라도 보이면 난리가 난다. 앞발을 쳐든 채 캥거루처럼 두 발로 서서 뛰며 시끄럽게 낑낑거린다. 묘기 대행진에서나 볼 수 있을 것 같은 진풍경이다. 귀찮다고 엉덩이로 밀어 버리거나 야단치면 아내 쪽으로 가서 조른다. 한번 시작하면 흥분을 가라앉힐 수가 없다. 그럴 땐 얼른 차에 태우는 것이 상책이다.

이 녀석들이 있는 데서는 "가자." 또는 "갑시다."라는 말을 함부로 하지 못한다. 실수로 했다가는 걷잡을 수 없이 흥분하기에 집에서는 금기어나 다름없다. 이와 비슷한 말만 해도 눈동자가 커지고 표정을 살핀다. 그런 말을 했다가 아내에게 눈총을 맞은 적도 여러 번이다. 눈짓이나 손짓으로 해야 안전하다. 때로는 '준비해'라는 은어를 써 가며 채비를 하지만 어느새 귀신같이 알아챈다. 가끔 전혀 눈치채지 못하게 데리고 나올 때도 있는데 '비밀 작전'을 성공한 것 같아 웃음이 나온다.

애들은 '코코'라고 부르던 어미가 낳았다. 진한 갈색의 푸들이었는데 수년 전에 큰아들이 데려왔다. 대학교 선배가 운영하는 완도 광어 양식장에 갔다가 천덕꾸러기 취급하는 것을 보고 키워 보겠다고 했단다. 처음에는 반대했다. 강아지를 아파트에서 키우는 것도 마음에 들지 않았고, 사람들이 품에 안고 가는 것을 보면 꼴불견으로 보였다. 나를 설득할 방법이 없다고 생각했는지 어느 날 강아지를 데려와 버렸다. 마뜩잖아도 두고 보는 수밖에 없었다.

처음에는 눈길도 주지 않았다. 며칠이 지나 텔레비젼을 보는데 털이 부드럽다며 아내가 만져 보란다. 못 이기는 척 살짝 손을 대 보니 느낌이 좋았다. 이 일을 계기로 가까워졌다. 함께 나들이도 가고, 뒷산에도 오르는 등 틈이 나면 자주 놀아 주었다. 예뻐해 주는 것을 아는지 나를 많이 따랐다. 안방으로 가면 쪼르르 달려와서 가랑이 사이에 자리 잡았다. 강아지에게 점점 관심이 생겼다. 어느 날, 주인이 출근하고 없는 빈집을 하루 종일 지킨다고 생각하니 짠한 생각이 들어 아내에게 얘기했더니 그런 일로 우울증에 걸리기도 한다고 했다. 새끼를 낳으면 좋을 것 같다고 하니 배필을 맺어 주려고 애견 상점에 다녀왔다. 짝도 진갈색이란다.

약 두 달간의 기다림 끝에 새끼 네 마리를 낳았다. 같은 초콜릿 색깔끼리 짝을 지었는데도 검정 두 마리, 흰색 한 마리, 엄마를 닮은 녀석은 한 마리뿐이었다. 성별과 색깔의 특징을 살려 깜동이, 깜순이, 미미, 초푸(초코 푸들의 약자)라 이름 지었다. 신기하게 눈도 못 뜨는 녀석들이 엄마 젖이 잘 나오는 곳을 차지하려고 자리다툼이 심했다. 하얀 강아지가 매번 좋은 자리를 차지하기에 다른 녀석들도 건강하게 자라기를 바라는 마음으로 자리를 몇 번 바꿔 주었다. 나중에 알고 보니 아내도 그랬다고 한다. 그래선지 커서는 그 녀석이 제일 약했다. 그냥 놓아둘 텐데 괜한 짓을 했다며 아내와 가끔 이야기한다.

네 마리 다 키우기는 어려워 가장 약한 녀석 한 마리만 남기고 나머지는 분양하기로 했다. 아내의 지인에게 깜동이와 초푸를 보냈다. 뒤이어 깜순이 차례가 왔다. 맡아서 잘 키워 보겠다는 사람이 나타나 이 문제로 가족회의를 했다. 힘은 들겠지만 집에서 키우자는 데 이견이 없었다. 둘 다 암컷이기에 큰 문제가 없을 것이라고 했다. 무엇보다 그사이 정도 들었고 눈망울이 크고 예뻐 보내기 싫었다.

하지만 세 마리는 무리였다. 가장 큰 문제는 배변이었다. 뒤 베린다에 발을 들여놓기가 무서울 정도로 곳곳이 지뢰밭이었다. 냄새도 심했다. 예상은 했으나 생각 이상이었다. 그러던 차에 어미가 집을 나가는 일이 벌어졌다. 휴일이면 이 녀석들을 데리고 주말 주택에 가곤 했는데 어느 날 감쪽같이 집을 나가버린 것이다. 한 달 반이 넘도록 백방으로 노력했으나 결국 찾지 못했다. 남은 두 마리나 잘 키워 보자며 위로했으나 아내는 못내 아쉬워했다. 지금도 가끔 보고 싶다고 말한다.

세월이 약이다. 몇 달이 지나자 잃어버린 강아지 생각도 많이 엷어졌다. 주말이면 두 녀석을 데리고 자주 시골에 간다. 좋은 점도 있지만 귀찮고 힘든 것도 사실이다. 재작년 10월에 있었던 일이다. 주말 주택에 갔는데 깜순이가 동네 아주머니를 물어 버렸다. 목줄을 매고 있다가 풀어 주었는데 순식간에 일어난 일이다. 너무 미안했다. 말귀도 못 알아듣는 조그마한 녀석에게 화풀이할 수도 없어서 담벼락에 세워 둔 경운기 바퀴를 가볍게 찼는데 그만 엄지발가락이 골절 되었다. 충격을 전혀 흡수할 수 없는 장화를 신었다는 것을 잊었던 것이다. 결국 깁스를 하고 3개월이나 고생했다.

작년 9월에는 미미 때문에 온 가족이 힘들었다. 그날 새벽, 다른 날보다 더 일찍부터 열어 달라고 방문을 긁기에 짜증을 내며 발로 차는 시늉을 하며 겁을 주었다. 그런데 이 녀석이 도망도 제대로 가지 못하고 깽깽거리다 옆으로 쓰러져 발작하는 것이었다. 너무나 당황스러웠다. 아내가 일어나 진정시켰지만 소용없었다. 결국 큰 동물병원에 가서 엠알아이(MRI)를 찍었더니 뇌수막염이란다. 병원비가 120만 원이 넘었다. 너무 많이 나왔다고 했더니 "가족이나 다름없는데 그럼 어떻게 하냐?"라고 한다. 지금도 두 달에 한 번씩 병원에 가서 약을 지어 온다. 그리고 날마다 정해진 시간에 주사기로 약을 먹인다.

이제는 녀석들이 실수해도 너그럽게 대한다. 아프기 전에는 아무 데나 실례하면 야단을 쳤으나 "그래, 아무 데나 똥 싸는 것이 아픈 것보다 낫지." 하며 쓰다듬어 준다. 개를 사람의 나이에 견주려면 태어난 횟수에 7을 곱하면 된다고 한다. 이 녀석들이 일곱 살이니 중년의 나이 쉰 가까이 된 셈이다. 언제까지 같이 살지 모르지만 아프지 않고 지냈으면 좋겠다. 문제는 애들도 늙으면 여러 가지 질병을 앓는다는 데 있다. 걱정되어 가끔 많이 아프면 안락사를 시켜야 한다고 농담처럼 말하면 아내는 끝까지 책임져야 한다고 목소리를 높인다. 맞는 말이다. 상황이 불리하다고 해서 쉽게 포기하는 것은 진정한 사랑이 아니니까!

토끼 눈으로 변하는 것은

우리 어머니는 아들 셋, 딸 다섯 모두 8남매를 낳았다. 그중 나는 일곱 번째다. 2남 4녀를 두고서 셋째 아들 갖는 것이 소원이었다고 한다. 이웃집에서 "시째야(셋째의 사투리)" 하고 부르는 소리가 그렇게 부러울 수가 없었단다. 바라는 바를 이루고 애지중지하였다고 생전에 입버릇처럼 말씀하셨다.

아버지는 초등학교에서 교편을 잡아서 그런지 집안일은 등한시했다. 모내기하는 날에도 논두렁에서 못줄이나 잡지 힘든 일은 하지 않았다. 어머니가 집안일은 물론 농사일까지 도맡아 억척스럽게 했다. 그래서 어린 동생을 봐주는 것은 누나들의 몫이었다. 내가 어릴 적에 초등학교에 다니던 누나들은 공부가 끝나면 서로 업겠다고 2km가 넘는 거리를 달려오곤 했단다. 먼저 차지하면 다른 일은 하지 않아도 되기 때문이다.

어느 해 가을, 발로 밟아서 그 회전력으로 낟알을 털어내는 탈곡기로 벼를 타작하는 날이었는데, 그날은 나보다 열 살 많은 셋째 누나가 나를 업고 나갔다. 집을 나설 때는 방긋거리던 아이가 저녁에는 한쪽 눈을 뜨지 못하고 좀처럼 울음을 그치지 않았단다. 상태가 어떤지 보려고 하였지만 그럴 때마다 심하게 울어대서 날카로운 소나무 잎에 눈이 찔렸을 것으로 짐작했다고 한다. 그도 그럴 것이 그때는 야트막한 앞산이 동네 아이들의 놀이터였다. 산에서 숨바꼭질을 주로 했는데, 나무 사이를 오가다 그런 일이 벌어진 것으로 알았다. 멀쩡한 아이를 그렇게 만들어 놓았으니 엄마한테 심하게 야단을 맞았으며 '눈을 못 뜨면 어떻게 하지!' 걱정스러운 마음과 죄책감에 시달렸다.

며칠 동안 울음소리는 그치지 않았고, 눈은 뜨지 못하였으며 눈 주위에 눈곱이 심하게 끼어있더란다. 업어서 달래보기도 하고, 젖을 물려도 소용없는 일이었다. 지금 같으면 곧바로 의사에게 달려갔을 것인데, 가까운 곳에 병원도 없고 이동 수단도 변변치 않아 저절로 낫기를 바라거나 푸닥거리를 하는 것 외에는 별다른 대책이 없었다.

여러 날이 지나서 어머니는 젖을 먹이다가 조심스럽게 눈을 벌려 보았단다. 그동안 손도 못 대게 하더니 고통에 어느 정도 적응이 되었던지 심하게 울지는 않더란다. 세상에나! 나락 한 톨이 들어 있었으며, 더 놀라운 것은 자리를 잡고 싹까지 틔우고 있더란다. 온도와 습도는 물론 빛까지 차단되어 싹이 트는 조건으로는 안성맞춤이었나 보다. 작은 티끌 하나만 들어가도 이물감이 느껴지고 눈을 쉽게 뜨기 어려운데 그 껄끄러운 것이 들어갔으니 얼마나 고통스러웠을까! 지금 생각해도 아찔하다. 누나가 나를 업고 집을 나서기 전에 탈곡기에서 세게 튕겨져 나온 나락 하나가 하필이면 눈에 들어갔던 것이다. 그것을 빼냈더니 거짓말처럼 눈을 다시 떴고, 울음도 그치더란다. 여러 날 가족에게 미움 받고 죄스러워 풀이 죽어있던 누나도 그 일에서 벗어날 수 있었다. 그때 얼마나 놀랐던지 글을 쓰기 전에 전화해 보니 지금도 생생하게 기억하고 있었다.

그 일 때문인지 모르지만 어른이 되어서도 머리를 감거나 샤워만 해도 왼쪽 눈이 빨갛게 변한다. 시간이 조금 지나면 다시 정상으로 돌아오기에 큰 문제는 없다. 거울을 보면서 연관이 있을 것으로 짐작만 할 뿐이다. 수영장에서도 물에만 들어가면 한쪽 눈이 심하게 충혈된다. 다른 사람들이 눈병으로 오해할까 봐 조심스럽다.

지난주에는 작은누나가 주었다며 가까이 사는 동생이 선물을 전해주었다. 고맙다고 전화했더니 생애 처음으로 월급을 받아 그 기념으로 동기간들 선물을 샀다고 했다. 군청에서 추진하는 '노인 일자리 사업'의 하나로 어린이집에서 세 시간 일해 받은 수당인데 혼자 쓰기가 아깝고, 재밌기도 하여 마음을 전한 거라고 했다. 작년에 어머니가 아흔 여섯에 돌아가셨다. 사는 곳은 각기 다르지만 8남매가 오순도순 건강하게 살아가기를 빌어본다. 우리 학교 급식실에도 지자체에서 보내준 나이 지긋한 분이 임시직으로 일하신다. 누나는 늘 젊게만 생각했다. 그런데 그분과 같은 나이대라니……. 세월이 야속하게도 벌써 인생의 황혼기에 데려다 놓았다.

내가 어렸을 때는 동네에 아이들이 많았다. 저녁이 되면 마을 어귀까지 친구들 이름 부르는 소리가 들렸다. 그 시절 제일 부러웠던 것은 소에게 풀을 먹이는 일이었다. 같이 놀다가 특정 시간이 되면 모두 풀 먹인다고 가버렸는데 우리 집에는 키우는 소가 없어 그럴 수가 없었기 때문이다. 이제는 마을에 아이 울음소리가 멈춘 지 오래다. 초등학교나 중학교에 다니는 아이들도 없다. 노인들만 남아 힘겹게 농사지으며 살아간다. 이분들도 머지않아 떠날 것이다. 공동체가 무너지는 것 같아 안타깝다. 국가의 존망과 연결되기에 더더욱 걱정스럽다.

눈물 젖은 빵

지금은 어엿한 직장인이지만 우리 집 큰아이는 학교 다닐 때 시험 스트레스를 심하게 겪었다. 녀석의 코 푸는 소리가 잦아지면 '이제 시험 기간이 곧 다가오는가 보다.' 하고 예상할 정도였다. 시험을 앞두고 매번 신경성 비염에 시달렸다. 희한하게도 시험이 끝나면 언제 그랬냐는 듯 깨끗하게 나았다.

작은아이는 취업을 준비하고 있다. 이 녀석은 고등학교 3학년 때 수능을 불과 몇 달 앞두고 폭탄선언을 했다. 학교를 그만두고 서울에 가서 중국 음식을 배달하면서 사회 경험을 쌓겠단다. 그 각오가 비장했다. 공부하느라 책상에 앉아 있는 시간이 많은데도, 성적이 도무지 나아질 기미가 없자 체념한 것이다. 간신히 마음을 돌려놓기는 했으나 아내는 가슴을 쓸어내려야 했다.

시험에 얽힌 이야기는 누구나 한두 가지쯤 간직하고 있을 것이다. 중학교 3학년 때의 일이다. 고등학교 입학을 앞두고 공고와 인문계 중에 어디를 선택할지 고민이 되었다. 어느 날 하굣길에 바랑을 메고 가는 스님 한 분을 만나 동행하게 되었다. 처음 보았지만 범상치 않은 외모에 학식이 깊어 보이고 친근감이 들어 진학 고민을 털어놓았다. 내 얼굴을 이리저리 살펴보고 혀를 내밀어 보라고 하더니 "녹봉을 받고 살 운명이다."라고 했다. 그러면서 잘 보이지 않은 몸 어딘가에 큰 점 하나가 있을 것이란다. 집에 오자마자 어머니에게 스님과 있었던 얘기를 전해주며 녹봉이 무엇인지 물었다. 국가에서 주는 봉급이라는 것을 알았으나 그때는 나와는 전혀 관계없는 말로 들렸다.

고등학교 진학은 공고 쪽으로 마음이 기울었다. 공업이 발전하던 때라 공고가 인기가 있었고, 졸업하고 쉽게 취직할 수 있을 것 같았다. 그 당시 내가 다니던 시골 중학교에서도 공부를 잘하는 친구들은 광주에 있는 공고에 가고 싶어서 여러 명이 지원했다. 선생님들도 몇 명이나 합격할 것인지 관심이 많았는데 복도에 붙여 놓은 합격 예상자 명단에 내 이름도 있었다. 그런데 선생님들의 기대와는 달리 떨어지고 말았다. 부끄러웠다. 집에 오자마자 이불을 덮어썼다. 처음으로 겪은 큰 아픔이었다.

그때는 전·후기 입시 제도가 있어 설령 떨어지더라도 커트라인을 넘으면 후기인 인문계 고등학교에 갈 수 있었다. 개교한 지 몇 년 안 되는 신설 학교에 배정되었다. 입학하고 나서 반 배치 고사를 보고 성적순으로 반을 나누었는데 총 12반 중에서 나는 6반이었다. 담임은 생물을 가르치는 선생님이었다. 이분은 우리에게 매일 깜지를 써오라는 숙제를 내주었다. 그리고 시험을 보면 틀린 개수만큼 때렸다.

엎드리게 해 놓고 의자에서 빼낸 쇠 파이프로 엉덩이를 강타하는데 친구들은 한두 대 맞으면 소리를 내며 고꾸라졌다. 하지만 나는 끄떡하지 않고 참아 냈다. 꺾이고 싶지 않았다. 지금 생각하면 참 미련한 행동이다. 쓰러지면 그다음부터는 살살 때리는데 무슨 고집으로 버텼는지 모르겠다. 꾀를 부리지 못한 성격 탓도 있다.

대학입시에서 두 번째 쓴잔을 마셨다. 종합반 학원에 등록했다. "눈물 젖은 빵을 먹어 보지 않은 사람과 인생을 논하지 말라."는 어느 철학자의 말로 우리를 위로했다. 학원에 등록하고 얼마 지나지 않아 5.18 민주화 운동이 일어나는 바람에 공부를 제대로 하지 못했다. 대학에 들어가서는 시험 때문에 큰 어려움은 없었으나 연수 성적을 잘 맞아야 하는 부담감이 컸던 때가 몇 번 있었다. 일반 연수 점수가 승진 순위에, 자격연수 점수가 발령 순위에 영향을 주어서다.

땅덩어리는 좁고 인구가 많은 나라에서 시험은 어쩔 수 없이 치러야 하는 것인지는 모르겠다. 하지만 경쟁에 내몰린 아이들을 보면 안타깝기 그지없다. 청소년들의 자살률이 높고 행복 지수도 오이시디(OECD) 국가 중에서 최하위권을 차지하는 것은 입시, 성적과 무관하지 않다. 대학을 졸업하고 취업하려는 젊은이 중에는 입사 시험이나 각종 자격증 시험, 공무원 시험을 준비하는 사람이 많다. 요즘 대학생과 취업 준비생 열 명 중 네 명이 공무원 시험을 보려고 한다니 치열한 경쟁으로 스트레스가 이루 말할 수 없겠다. 합격의 기쁨을 누리는 이도 있겠지만 눈물 젖은 빵을 먹어야 하는 젊은이들이 훨씬 많이 생기지 않겠는가!

우리 집 작은녀석도 공시생 대열에 들어선다는데 걱정이다. 뉴질랜드 같은 나라는 굳이 대학에 가지 않아도 하고 싶은 일을 할 수 있다고 한다. 덴마크도 전문 직종에서 일하는 사람과 열쇠 수리공이 수입은 비슷해서 꼭 필요한 사람 이외에는 대학에 가지 않아도 되며 자신이 하는 일에 자부심을 느끼고 일한다니 부럽기만 하다.

아이들 앞에서 저지른 실수

"습기가 많은 땅을 고슬고슬하게 만드는 방법을 '습지답 공법'이라고 하던데요" 추석날 아침, 간단히 차례를 지내고 밥을 먹으면서 큰아들이 한 말이다. 지난여름 긴 장마로 무너진 흙더미 때문에 머리가 아팠는데 보강토로 시공하고 나니, 이번에는 다른 곳에서 작은 틈으로 물이 흘러내려 질척거렸다. 그곳이 진입로이기에 다니면서 늘 신경이 쓰였다. 어떻게 해야 하나 고심해 보지만 딱히 묘책은 떠오르지 않았다. 이 사실을 잘 아는 큰아들이 군청에 근무하는 토목직 동료에게 물어 보니 흙을 파내고 부직포를 밑에 깔고 자갈을 채우면 문제가 해결된다는 것이었다.

그렇지 않아도 일주일 전, 나름의 궁리 끝에 사각 고무통 두 개와 지름이 5센티미터쯤 되는 긴 파이프를 3개나 샀다. 그리고 파이프를 적당한 길이로 잘라 고무통 두 개를 연결하고 빈틈은 실리콘으로 쏘아 마르기를 기다렸다. 고무통을 묻고 자갈을 채우면 그 사이로 흘러든 물이 파이프를 타고 흘러 해결될 것 같았다. 그런데 큰

아들이 알아온 방법에 쏠깃해졌다. '습지답 공법'이라는 전문 용어에도 신뢰가 갔다. 그렇지만 이왕 사 놓은 고무통과 파이프를 써야 하지 않겠는가!

아침을 먹고 문제의 주말 주택에 가자고 하니 큰아들은 팔꿈치가 아프다고 하고, 작은아들은 방사선사 시험공부한다고 핑계댄다. 지난번에 그곳을 삽으로 파내서 얼마나 힘이 드는지 아는 터라 이해는 되었다. "혼자서는 할 수 없는 일이야. 삽질은 내가 할 테니 너희들은 옆에서 오전 동안 도와주기만 하면 돼." 간신히 마음을 돌려놓았다. 즐거운 마음으로 강아지랑 함께 주말 주택으로 향했다.

먼저 파이프가 지나갈 곳을 넓게 삽으로 파고 부직포를 깔았다. 그런 다음 파이프로 연결한 고무통 두 개를 묻으려고 하는데 하필 큰 돌덩이가 있어서 여의치 않았다. 겨우 구덩이를 더 넓게 파고 다시 넣어보려고 했으나 생각대로 잘 되지 않는다. 엎친 데 덮친 격으로 무리하게 넣으려고 힘을 주었는지 파이프의 연결 부위가 벌어져 있었다. 적당한 크기의 고무통을 구하고, 파이프에 구멍을 뚫는 일이 쉽지 않았는데…… . 또, 파이프를 끼워 고정시키려고 실리콘이 마르기까지 여러 날을 기다렸는데 순식간에 그런 노력이 허사가 되고 말아 순간적으로 화가 치밀어 올랐다. 아들 둘이 옆에 있다는 것도 잊은 채 애꿎은 고무통에 화풀이하고 말았다. 땅바닥에 팽개치고 아예 못 쓰게 고무통에서 파이프를 힘주어 빼 버렸다.

'아이들 앞에서 이 무슨 짓이람! 아무리 화가 나더라도 참을 일이지. 바보같이……' 곧바로 후회가 밀려왔다. '어떻게 수습하지?' 딱히 방법이 없었다. 그냥 말없이 하던 일을 계속할 수밖에 없었다. 흥분을 가라앉히고 차분해져야겠다는 생각은 했으나 떨리는 목소리는 어찌할 수 없었다. 부직포가 접히지 않게 깔고 고무통에 자갈을 넣고, 물기가 새 나오는 언덕 쪽을 향해 옆으로 뉘였다. 그런 다음 주변에 자갈을 채웠다. 모자란 자갈은 마을 입구에서 아이들이 쌀 포대에 담아 승용차로 실어 날랐다. 보강토 공사를 하면서 남은 자갈이다. 물길을 자갈로 다 메우고 흙을 덮었더니 깔끔해졌다. 골치 아픈 문제가 해결되어 속이 후련해졌다. 목소리도 어느새 안정을 되찾았다.

아이들 덕분에 어렵사리 일은 해결했지만 불쑥 화를 낸 행동이 마음에 걸렸다. 상처는 나았지만 흉터는 남은 꼴이다. 아이들에게 화낸 것은 아니지만 모범을 보여야 하는 아버지가 되레 그랬으니 체면이 말이 아니다. 그놈의 불뚝성이 비단 이번뿐만은 아니다. 부부싸움을 하면 내가 먼저 불쑥 화를 내고 상처 주는 말을 해버린다. 그럴 때마다 속은 후련하지만 후회가 밀려들고 사과가 뒤따르기 마련이다. 반성하고 앞으로는 그러지 않으리라 다짐하건만 마음처럼 되지 않는다.

실수는 엎질러 놓은 물과 같아서 되돌릴 수는 없는 노릇 아닌가! 그렇다면 어떻게 하지? 언젠가 실수를 만회하는 방법을 책에서 읽은 적이 있다. 상대방이 그 실수를 잊어버릴 만큼 긍정적인 면을 여러 번 보여 주면 된단다. 추석날 아이들에게 저지른 실수를 상쇄하기 위해 지금부터 좋은 면을 많이 보여 주어야겠다. 그리고 같은 실수를 되풀이하지 않겠다고 다시 한 번 다짐한다.

소유는 잠재적 고통

올여름은 언제 끝날지 모르는 코로나19 감염병으로 모두가 힘들었다. 또한 긴 장마는 많은 사람을 고통 속으로 몰아넣었다. 기간이 무려 54일이란다. 비가 잦은 데다 내린 양도 엄청나다. 강수량 역대 1위. 비구름대가 남부지방과 중부지방, 수도권을 오르내리며 엄청난 양의 비를 뿌렸다. 약해질 대로 약해진 지반 때문에 곳곳에서 산사태가 일어났다. 급기야 국토부에서는 전국에 산사태 경보를 발령하기에 이르렀다. 토사가 마을을 덮쳐 흙더미에 집이 묻히고 여러 사람이 목숨을 잃은 안타까운 일도 생겼다.

한꺼번에 너무 많은 비가 쏟아져 저지대의 차량이 물에 잠기고, 광주천의 양동복개상가는 아슬아슬하게 범람의 위기를 넘기기도 했다. 섬진강댐의 수위 조절 실패로 한꺼번에 엄청난 양의 물을 흘려보내는 바람에 하동과 구례 사람들은 큰 피해를 입었다. 수많은 집이 물에 잠기고, 수재민이 발생했다. 가축들도 큰 수난을 당했다. 홍수 때 시붕 위에 올라가 있던 소들이 물이 빠지자 오도 가도 못 하게 되어 구급대원들이 크레인을 동원하여 구출하는 장면이 보도되었다. 심지어 멀리 떨어진 섬에서 발견된 소도 있었다. 아침, 저녁으로 찬바람이 부는 지금도 수재민들의 고통은 끝나지 않은 상태다.

폭우 때문에 일어난 피해는 여러 지역이다. 피해가 더 심한 곳은 특별재난지역으로 선포되었다. 주택과 많은 농경지가 물에 잠겨 딸기나 메론 등 비닐하우스 농사를 크게 망쳐버린 담양도 특별재난지역 중 하나다. 갑작스러운 폭우로 물이 불어난 하천을 건너던 초등학생이 엄마의 손을 놓치는 바람에 급류에 휩쓸려 실종되는 사고도 있었다. 내가 근무하는 지역에서 발생한 일이기에 안타까움은 더 컸다. 잦은 비와 폭우는 주말 주택인 우리 집에도 생채기를 내고 말았다.

7월 중순 어느 날, 직장에서 근무하고 있는데 아내에게 전화가 왔다. 메시지와 사진이 있어서 열어보니 주말 주택의 마당 한쪽이 아랫집 마당으로 흙더미가 쏟아진 사진이었다. 앞집 아주머니가 알려주었단다. 아파트에서 20여분 거리에 허름한 농가주택을 구입하여 주말 주택으로 이용한 지난 5년 동안 한 번도 없었던 일이다. 동네의 다른 집보다 지대가 높기는 하나 집 뒤로는 대나무가 촘촘해서 산사태의 위험은 생각할 수 없는 곳이었다. 그런데 이번 장마로 화단 일부의 흙더미가 통째로 흘러내린 것이다.

사진만으로는 정확히 알 수 없어 서둘러 현장에 갔다. 근무시간이지만 승용차로 10분 남짓 걸리는 가까운 거리다. 2미터 높이, 폭 5미터 정도 되는 흙더미가 언덕에 서 있던 감나무가 뿌리는 물론 작은 가지 하나 부러지지 않은 채 아랫집 마당에 고스란히 미끄러져 있었다. 무너진 언덕 가운데 부분에서는 물이 흘러나오고 있었다. '이곳에서 계속 흘러나오는 물의 무게를 감당할 수 없어 무너졌나?' 토사가 사람이 다닐 수 없을 정도로 길을 막아버려 그대로 둘 수는 없었다. 작업복으로 갈아입고 삽으로 우선 사람이 겨우 다닐 수 있을 정도라도 흙을 치웠다. 굴삭기를 불러 흙을 제자리로 올려붙이면 간단하기는 하나 큰비가 오면 다시 쏟아질 것은 분명해 보였다. 무너진 부분만 돌을 넣어 축대를 쌓으면 돈은 적게 들겠지만 일부분만 그렇게 하면 보기 싫을 것 같았고, 30미터나 되는 마당가를 둘러서 축대를 쌓으면 보기야 좋겠지만 큰 공사가 될 텐데 그 돈은 또 어떻게 감당한단 말인가? 머릿속이 복잡했다.

골목길에서 나이 지긋한 예전 이장을 만났는데 면사무소에 피해 복구 지원 신청을 해보라고 했다. "개인 땅인데 수해 지원 신청이 가능할까요?"라고 묻자 그분은 "정부 돈은 눈먼 돈이 많어. 하여튼 선생들은 곧이곧대로여. 너무 정직해. 융통성이 없어. 쯧쯧!" 하며 가능한 일인데 답답하다는 말투였다. 저녁 무렵에 낮에 만났던 이장에게 전화가 왔다. 면사무소에서 수해로 입은 피해를 접수를 받고 있으니 전화를 해 보란다.

다음 날 면사무소로 전화를 했더니 굴삭기가 와서 흙더미를 치워주었다. '이런 일도 면사무소에서 해결해 주는구나!' 처음으로 민원을 제기한 셈인데 해결해 주니 민원 행정이 고마웠다. 흙더미를 치웠더라도 흘러내린 부분을 어떻게 할 것인지 결정하기가 어려웠다. 다시 직장으로 복귀하면서 중학교 동창에게 전화를 했다. 언젠가 우리 집에 왔을 때 축대를 쌓으면 토목 업자를 소개해 주겠다고 한 말이 생각났기 때문이다.

“내가 뭐라고 하디야? 그때 축대를 쌓았으면 돈도 지금보다 훨씬 적게 들고, 쉽게 해결했을 것인디…….”

그러면서 이것도 엄연한 수해이니 축대를 쌓는 데 지원을 해 달라고 면장한테 떼를 써 보라고 했다. 군청에 수해 지원금이 있다며 가능할 것처럼 목소리를 높였다. ‘내가 너무 뭘 모르는 것인가. 찾아가야 해, 말아야 해?’ 괜히 전화해서 혹을 하나 붙인 꼴이다. 친구의 말을 무시하는 것도 마음에 걸렸다. 학교 다닐 때는 비록 공부가 뒤떨어졌을지 모르지만 평생을 학교 울타리 안에서 살아온 나와는 달리 사회 실정은 나보다 더 빠삭한 친구다. 그동안 이런저런 훈수를 두며 아는 체를 많이 한 친구였기에 혹시나 하면서도 밑져야 본전이니 찾아가서 사정 이야기나 해보자는 쪽으로 마음먹었다.

다음날 면장을 찾아갔다. 생각과 달리 여자 면장이었다. 준비한 대로 찾아온 용건을 말했으나 수해 복구비로 개인 축대를 쌓아준 예는 보지 못했다고 했다. 예상한 답변이었기에 크게 실망스럽지는 않았다. 한편으로 뿌듯한 생각도 들었다. 큰 용기를 내어 제안했고, 친구의 얘기를 받아들여 서로의 면을 살린 셈이다.

친구에게 전화로 경위 설명을 했다. 그리고 굴삭기 업자를 소개받아 그를 집에서 만나기로 했다. 축대의 길이와 높이를 잰 후, 재료에 따른 공사비, 공사 기간 등 여러 얘기를 나누었다. 처음에는 비용과 경관을 고려하여 돌로 쌓기로 했으나 안전성과 자재 조달의 용이성으로 큰 콘크리트 덩어리인 보강토로 최종 결정했다. 물론 비용도 처음에 생각했던 것보다 두 배로 늘어났다.

건물 옆의 언덕이 무너지면 집까지 위험해진다. 긴 장마로 그곳까지 무너질까 봐 염려스러웠다. 긴 비닐로 덮고 몇 번을 가보았는지 모른다. 이번 일을 경험하면서 걱정과 고민이 컸다. 주말 주택을 갖지 않았더라면 이런 고민도 하지 않았을 것이다. 남들이 하지 않는 고민을 사서 한 꼴이다. 주말이면 채소밭을 가꾸고, 사시사철 화단의 아름다운 꽃을 볼 수 있어 좋다. 또, 푸른 잔디밭을 가꾸는 소소한 즐거움이 있다. 그러나 그 주말 주택 때문에 예기치 않은 골치 아픈 문제가 생기기도 한다. 지난번에는 아랫집과 땅 문제로 골머리를 앓았다. 원만하게 해결되었지만, 그동안 속앓이를 생각하면 지금도 고개가 저어진다. 경계 측량 후 적지 않은 땅이 아랫집 마당으로 들어간 것을 안 이후 땅 문제를 해결하려고 신경을 곤두세운 적이 한두 번이 아니었기 때문이다.

주말 주택을 원하는 사람들이 많다. 내가 특별한 경우인지는 모르지만 항상 좋은 것만은 아니다. 그 소유 때문에 크고 작은 고통을 받을 수도 있기 때문이다. 그 고통이 언제, 어떤 행태로 나타날지는 모른다. 하지만 소유는 잠재적 고통을 포함한다는 것을 깨닫는다면 더 신중해지지 않을까. 불필요한 것을 갖지 않는 것이 무소유라는 법정 스님의 말씀이 더 크게 다가온다.

행복을 안겨 준 딱따구리

학교 관사 입구에는 늙은 벚나무 한 그루가 볼품없이 서 있다. 내가 부임하기 전, 태풍에 가지가 부러져 거의 몸통만 남았다. 껍질은 벗겨지고 벌레 구멍이 숭숭 나 있어 보는 이의 안타까움을 더 한다. 그래도 봄이 되면 자신의 존재감을 드러내듯 남은 잔가지에 꽃 몇 송이를 힘겹게 피운다. 이 벚나무에 딱따구리가 파다 만 듯한 구멍 두 개가 늘 궁금증을 자아냈다.

올해로 부임한 지 4년째, 5월 중순에는 딱따구리가 나무 둥치에 앉아서 쪼는 소리가 나더니 이내 날아가 버리고 그 후로 통 소식이 없었다. 관사 초입이라 보금자리로 삼기엔 어려울 거라 생각했다. 녀석의 화려한 색깔과 크기, 몸짓으로 보아 오색딱따구리란 생각이 들어 인터넷을 찾아보니 틀림없었다. 그 후 이 녀석은 운동장 그네 옆에서 맑은 목탁 소리를 두세 번 들려주었다. 교문 옆 큰 소나무에서도 쪼는 행동을 하고 날아가는 것도 목격했다. 반가운 마음과 함께 작은 흥분이 일었다.

'혹 가까운 곳에 둥지를 틀었을지도 몰라!'

며칠이 지났을까! "탁, 탁, 탁……." 퇴근해서 관사 쪽으로 가는데 늙은 벚나무에서 나무속을 쪼는 듯한 작은 소리가 들렸다. 이 녀석에게 혹시나 방해될까 봐 조심스럽게 발을 내디디며 나무와 되도록 멀리 떨어진 동쪽 창고 쪽 언덕을 길 삼아 관사에 있는 내 방으로 들어왔다. 그 며칠 후, 느지막하게 퇴근하는데 그 속에서 작은 새끼들 소리가 들려왔다. 궁금한 마음에 조심스럽게 나무 가까이 몇 발자국을 옮기는데 밖으로 나오던 어미 딱따구리와 눈이 딱 마주쳤다. 화들짝 놀란 어미 새가 당황한 듯 큰 소리를 내며 날아가 버렸다.

'괜한 짓을 했나!' 미안하기도 하고 걱정이 되었다.

'녀석이 다시 새끼들을 돌보지 않으면 어쩌지? 아니야 설마 새끼들을 놓아두고 찾지 않으리라고…….'

그 후로 녀석을 보기가 어려웠다. 여름이라 관사 창문을 1/4쯤 열어두고 녀석을 관찰하기로 마음먹었다. 방충망 때문에 밖의 풍경이 선명하지는 않으나 몸을 숨기기에는 그만이다. 밥을 먹다가도 화장실을 다녀오다가도 틈만 나면 내 눈은 어김없이 그 벚나무로 향했다. 1층 컴퓨터실에 가거나, 2층 영어실에 갈 때도 마찬가지였다. 하지만 좀처럼 녀석을 볼 수가 없었다.

그런데 가끔, 아침과 저녁 식사 시간에 희미하게 둥지로 들어가는 모습이 보였다. 녀석은 나무 몸통을 붙잡고 있다가 주위를 극도로 경계하며 빠른 속도로 구멍 쪽으로 오르며 새끼를 찾아가는 것이었다.

이 일은 나만 알고 있는 즐거운 비밀이었다. 선생님들에게도 소문내지 않았다. 날이 갈수록 '혹시나 아이들이 알면 어쩌지?' 조마조마하며 지내는 날이 많아졌다. 아이들이 관사 옆을 지날 때나 선생님들이 아이들과 함께 텃밭을 찾는 날이면 가슴을 조이기 일쑤였다. 특히 동식물에 관심이 많은 3학년 선생님이 텃밭을 찾는 날은 더 그랬다. 하루는 그 선생님께 나무와 멀리 떨어진 창고 옆 언덕으로 다니도록 부탁했다. 할 수 없이 즐거운 비밀을 털어놓고 만 것이다. 나 자신도 녀석들에게 방해될까 봐 관사로 가는 빠른 길보다는 길 없는 창고 옆 언덕으로 다녀 직원들이 궁금해했다. 그때마다 비밀 아닌 비밀을 털어놓을 수밖에 없었지만. 풀밭에 이슬이 맺혀 있어도 나무 사이에 거미줄이 갈 길을 방해하여도 녀석들을 생각하면 빙 돌아가는 발걸음은 가볍기만 했다.

요 며칠 전에는 장마에 비바람이 몰아쳤는데 녀석의 집에 물이 들어가면 어쩌나 걱정이 되었다. 하지만 괜한 걱정이었다. 녀석은 이런 자연의 변화를 일찍 감지하기나 한 듯 북쪽으로 구멍을 낸 것이었다. 다른 벚나무에서도 발견한 일이지만 딱따구리 녀석의 집은 서쪽을 향하고 있었다. 녀석들은 앞날의 재난에 대비하고 있었던 셈이다.

주말에 집에 있으면서도 가끔 생각이 났다. '지금쯤 녀석은 마음껏 새끼들을 돌보겠지!' 이런 생각을 하면 왠지 마음이 따뜻해져 왔다.

한 번은 쉬는 시간에 새끼 딱따구리가 궁금해 늙은 벚나무 쪽으로 가는데 학교 주무관이 가까이에 있는 백일홍 나무에 농약을 치고 있었다. 잎이 희끗희끗해진다는 이유였다. 다행히도 바람이 반대쪽으로 불고 있어 안심은 되었으나 걱정은 덜어지지 않았다.

"다음에 농약을 치면 안 될까요? 딱따구리 새끼가 벚나무 안에 있는데…….."

"그래요? 약성이 약해서……. 조심스럽게 약을 칠게요." 마음은 조금 미덥지 않았지만, 새끼들 때문에 약 치는 일을 그만두게 할 수는 없었다. 할 수 없이 발걸음을 돌렸다.

새끼가 태어난 지 어느덧 3주 이상이 흘렀다. 오늘 아침(7월 22일)에도 몸을 씻은 후 물기가 채 마르기 전에 어김없이 눈을 돌려 늙은 벚나무로 향했다. 벚나무 아래쪽으로 빠르게 움직이며 날개를 퍼덕거리는 모습이 보였다. 처음에는 어미인 줄 알았으나 찬찬히 보니 길을 가로질러 모과나무 쪽으로 뛰다 걷는 모습이 새끼였다.

'좀 이상하다!'

혹시 딱따구리의 이소를 보는 것 같아 흥분을 감추지 못하고 한참을 주시하는데 그것이 아니었다. 녀석은 10미터 남짓 떨어진 모과나무 밑에서 위쪽을 향해 날개를 퍼덕거리고 오르내리기를 수십 번, 더 이상 어찌하지 못하는 것이었다.

'들고양이가 저 모습을 보는 날이면 큰일이다!'

그냥 보고만 있을 수 없어 옷을 주섬주섬 입고 밖으로 나왔다. 심하게 경계하는 녀석을 잡아 늙은 벚나무에 손을 뻗어 놓아주었다. 녀석은 고맙게 여기기는커녕 놀랬다는 듯 큰소리로 연방 소리를 질러

대며 위쪽으로 올라갔다. 아마도 둥지가 좁아 안에 있던 녀석이 뜻하지 않게 둥지 밖으로 밀려 나온 듯하다. 이 모습을 어미 새가 마음 졸이며 먼발치에서 지켜보고 있을 거란 생각에 얼른 자리를 벗어났다. 방에 들어와서도 늙은 벚나무 쪽을 한참동안 주시했다. 하지만 어미 새는 나타나지 않았다. 울부짖는 새끼를 외면한 어미 새에게 미운 마음이 들었다.

'어미 새가 얼른 돌아와서 먹이를 주어야 할 텐데…….'

할 수 없이 아침을 먹으면서도 계속 주시하던 터에 어미 새는 한참만에 나타나서 놀란 새끼를 진정시켜주는가 싶었다. 조금 안심되는 마음으로 서둘러 밥을 먹고 관사를 나서며 다시 둥지 쪽을 보니 녀석은 둥지로 들어갔는지 보이지 않았다.

'휴, 다행이다! 녀석들이 별 탈 없이 이소에 성공해야 할 텐데…… . 인간이나 동물이나 사회화 과정까지는 너무도 험난하구나!' 이런저런 생각을 하며 교무실에 들어섰다.

그동안 볼품없어 보이기만 했던 늙은 벚나무가 오늘따라 너무도 고맙게 느껴졌다. 그동안 딱따구리 가족을 품어준 세상에 둘도 없는 나무라는 생각이 들었다.

'세상에 쓸모없는 사물은 없구나!'

이제 딱따구리 가족이 떠나면 이슬 맺힌 언덕길을 오르내릴 일도, 걱정과 가슴 조일 일도 없겠지만 마음 한편에 휑한 기분이 들 것만 같다. 그동안 마음을 졸이게 하고, 걱정과 함께 행복감을 안겨준 녀석들이 고맙기 그지없다. 이제는 녀석들이 떠날 때가 되었나 보다. 오늘 아침에는 좀처럼 모습을 드러내지 않던 어미 새가 모과나무 위에서 자신을 드러낸 채 딱따구리 새끼들에게 날갯짓을 하라고 외쳐댄다. 어미 새의 비장한 행동에 혹시 방해가 될까 봐 옆 눈으로 비켜보며 교무실에 들어섰다.

"이제 새끼들이 떠나려나 봐. 내일이면 못 볼 것 같아!"

요 며칠 딱따구리의 소식을 누구보다 흥미롭게 전해 들었던 교무행정사에게 힘없는 목소리로 말했다. 딱따구리 새끼들이 모두 이소에 성공해 내년에도 이곳을 찾아와 맑고 청아한 목탁 소리를 들려주기를 간절히 바란다.

아름다운 마무리

수년 전에 법정 스님의 산문집『아름다운 마무리』를 읽었다. 산중에서 홀로 지내며 불교 소식지에 기고한 것을 엮은 책이다. 대표 글을 제목으로 뽑았다. 그는 서리가 내리기 전에 오이 넝쿨, 고춧대, 아욱 등을 걷어 낸다. 여름날 식탁에 먹을 것을 내주고 가꾸는 재미를 준 채소의 끝자락이 서리를 맞아 어둡게 시들어 가게 내버려 두는 것은 가꾸는 사람의 도리가 아니라는 것이다. 그때그때 바로 그 자리에서 자신의 도리와 의무, 책임을 다하는 것이 아름다운 마무리란다.

8월 말이면 교단을 떠나야 한다. 교직 생활을 자그마치 37년 6개월이나 했다. 누구에게나 그렇겠지만 그동안 좋은 일만 있었던 것은 아니다. 아픔도 있었고 우여곡절도 많았다. 초년병 시절에는 이 길을 계속 걸어가야 하는지 확신이 들지 않아 잠시 방황도 했다. 힘겨운 연구 과제를 맡아서 끙끙대던 시기도 있었다. 함량이 모자라는 관리자를 만나 마음고생도 했다. 여건이 열악한 도서 벽지에서 근무하며 하루라도 빨리 벗어나고 싶은 마음 간절한 시절도 있었다. 그렇지만 총결산해 보면 보람차고 행복한 시간이 더 많았다. 그동안 아이들을 가르치는 기쁨을 주고 내가 커 나갈 수 있게 기회를 열어 준 이 교단을 어떻게 물러가는 것이 아름다운 마무리일까?

먼저, 퇴직하는 날까지 근무를 소홀하지 않아야겠다. 돌이켜보면 법에서 허용하는 연가, 병가를 제대로 얻어 쓴 적이 거의 없다. 웬만큼 아파서는 결근하지 않았다. 아이들에게 죄짓는 것 같아서다. 심지어 첫째 아이를 낳는다는 소식을 듣고도, 아버지 어머니 회갑연을 앞두고도 그랬다. 그 당시 근무지가 경상도(거제도, 하동)라서 집안일로 광주에 다녀오겠다고 말하면 안 들어줄 리가 없건만, 입 밖에 내지 않았다. 바보스럽게도 승진해서야 그런 제도가 있는 줄 알았다. 물론 우리 세대는 너 나 할 것 없이 그랬다. 몸에 배었는지 관리자가 되어서도 휴가를 얻으려면 몇 번을 생각한다. 이제 퇴직이 얼마 남지 않았지만 끝까지 직무에 힘써야겠다.

여기까지 올 수 있었던 것은 여러 사람의 도움이 있었기에 가능했다. 퇴직하기 전에 그분들에게 고마운 마음을 전해야겠다. 제일 먼저, 함께 근무했던 교감 세 분과 함께 밥을 먹으며 지난 일을 추억할 생각이다. 운이 좋게도 셋 모두 내 생각을 잘 따라 주었다. 또, 같이 공부하며 성장하는 데 서로 도움이 되었던 선생님들을 초대하려고 한다. 즐겁게 배우고, 더불어 성장할 수 있어서 보람이 크다. 내가 힘들 때 어려운 부탁을 들어준 동문 후배, 부족하지만 늘 내 역량을 인정해 준 교직 후배에게도 고마운 마음을 전하고 싶다. 마지막 근무지의 직원들에게는 조촐하지만 석별의 정을 나누려고 한다. 탈 없이 마무리하는 데 도움을 주어서다. 떠나면서 퇴임식으로 그들에게 부담을 줄 생각은 없다.

올해도 작년에 이어 3학년 녀석을 가르치고 있다. '한국어 읽기능력 검사지'(KOLRA)로 평가한 결과 1학년 평균에 도달하지 못했다. 조금 충격적이었다. 그림책을 의미 중심으로 가르쳐서 완전히 해독하지 못한 까닭이다. 초기 문해력 검사 결과로는 2학년 보통 아이 수준이어서 그나마 위안이다. 받침규칙과 겹받침, 음운 변동을 보충해 주면 될 것 같다. 이 녀석은 요즘 공부하는 시간을 잊어버리고 오지 않기도 하지만 내게 배우려는 마음의 끈은 놓지 않고 있다. 가르치는 데 그리 오래 걸리지 않을 것이다. 하여튼 이 녀석을 제대로 가르치는 것도 내게는 아름다운 마무리다.

법정 스님은 '이해하고 용서하며 자비를 베푸는 것도 아름다운 마무리'라고 한다. 이유 없이 일어나는 일은 없기에 이런 마음을 낸다는 자체가 자신을 새롭게 일깨운다는 것이다. 예전에 상사로 모신 분 중에 용서가 되지 않은 분이 있었다. 한 사람은 역량이 부족한데 큰 과제가 있는 학교를 맡아 실망스러웠다. 더구나 내 능력이 필요해서 초빙해 놓고 정작 자신에게 인사하기를 바래 그를 교장으로 받아들이지 않았다. 다른 한 사람은 공사(公私)를 구분하지 못하고 작은 이익이나 쫓는 소인배여서 그랬다. 오죽하면 전화번호부에서 이름까지 지워 버렸을까. 이제 그들을 놓아 주어야겠다. 그것이 내 마음의 평온을 되찾는 길이기도 하니까.

퇴직하면 스님의 말씀대로 차 한 잔을 앞에 두고 그 향기와 맛, 빛깔을 조용히 음미하는 시간을 자주 내려고 한다. 때로는 조금 불편하더라도 맑은 가난과 간소하고 단순한 생활로 텅 빈 충만을 느끼며 생활하는 여유를 가지고 싶다. '나는 누구이며, 어디로 가고 있는가?'라며 자주 묻고 순간순간 깨어 있도록 노력하는 일도 게을리하지 않겠다. 내가 걸어온 길이 최고였다고 자위하며 지내 온 생활을 긍정하며 지내련다. 자연에 더 많은 빚을 지지 않으려 늘 깨어 있도록 하겠다. 말처럼 쉽지 않겠지만 어디에 얽매이지 않고 언제든 떠날 채비를 갖추는 순례자나 여행자의 모습으로 미련 없이 떠날 수 있도록 준비하며 지내는 것도 필요하리라!

사랑의 세레나데

내일은 어린이날을 하루 앞두고 열리는 운동회 날이다. 어제 오후부터 오늘 오전까지 비가 많이 내렸다. 당초에 운동장에서 하기로 안내했으나 여의치 않아 체육관으로 바꾸었다. 문제는 차를 몇 대밖에 댈 수 없는데 학부모들이 차를 가지고 그곳까지 오면 매우 복잡하다는 점이다. 더구나 체육관 앞에는 학부모와 지역민이 사용할 천막을 치기로 되어 있다. 의논 끝에 교직원이 사용하는 주차장을 학부모에게 양보하기로 했다. 우리는 운동장에 대기로 했다.

저녁을 먹은 뒤, 여덟 시쯤 교감 선생님의 차가 보이지 않아 옮겨 놓았는지 확인하려고 운동장으로 나갔다. 늦은 시각이라 어둑어둑했다. 가까이서 확인했지만 차는 없었다. 운동장 가득 개구리 소리만 요란했다. 100m 남짓 떨어진 논에서 사랑의 세레나데를 목 놓아 부르고 있었다. 그렇지 않아도 호기심을 갖고 있던 터라 교문을 나서 큰길을 가로질러 물이 고인 논 근처로 갔다. 여기저기서 대합창이 끝도 없이 계속되고 있었다. 소리가 어찌나 쩌렁쩌렁한지 귀가 아플 정도다. '저 녀석들은 목이 쉬지도 않나?' 괜한 걱정도 든다. '사람은 목이 아프면 날계란도 먹고 병원에도 가는데…….'라는 생각에 헛웃음이 나온다. 개굴개굴한 이유는 비가 내려 물웅덩이가 생겼으니 빨리 짝을 짓자고 암컷에게 구애하는 것이다. '호반의 벤치'라는 노래가 생각났다.

〈내 님은 누구일까 어디에 계실까 무엇을 하는 님일까 만나보고 싶네. 신문을 보실까 그림을 그리실까 호반의 벤치로 가봐야겠네〉

'내가 만약 암컷이라면 누구를 상대로 맞이하지?' 엉뚱한 생각을 하며 녀석들의 음색을 구별하려고 소리에 귀 기울였다. 쉼 없이 나 여기 있노라고 '개골개골 개골개골……' 큰소리로 외쳐대는가 하면, 굵은 톤으로 가끔씩 '개개개개골' 하는 녀석들도 있다. 각양각색이었다. '수컷들은 2세를 남기고자 저렇게 외치는데 암컷들은 뭘 그렇게 재고 있지?'라는 생각에 이르자 미운 생각이 든다.

오늘처럼 개구리들이 목청껏 자신을 드러내는 날이면 남자의 처지에서 수컷들의 구애 행위가 생각난다. 사자나 사슴, 바다코끼리 등 큰 동물들은 힘겨루기를 통해 암컷을 차지한다. 때로는 목숨을 담보로 치열한 싸움도 벌인다.

이에 비해 새들은 구애 행위가 다양하다. 공작새는 날개를 멋지게 펴서 환심을 사려고 한다. 학은 암컷 앞에서 춤을 춘다. 아프리카 밀림의 새는 집을 지어놓고 암컷을 기다린다. 카나리아는 아름답게 노래하며 짝을 찾는다. 그뿐만이 아니다. 유연한 날갯짓으로 비행 솜씨를 뽐내어 구애하는 녀석도 있고, 물고기를 물어다 바쳐 목적을 이루려는 새도 있다. 이 녀석들은 아마도 장차 태어날 새끼들을 굶기지 않고 가장 노릇을 잘할 것인지에 관심을 두고 짝을 찾는지도 모르겠다.

새들과 달리 개구리는 크고 우렁차게 노래를 불러야 암컷이 관심을 보인다. 덩치가 큰 동물들처럼 처절하게 싸울 필요는 없다. 힘세고 덩치 큰 녀석이 암컷을 차지하겠다고 달려들어도 둘이서 물속으로 잠수하면 찾을 수도 없으니까. 수컷끼리 싸우다가 널브러져 있는 모습을 상상하면 우습기 짝이 없다. 그러다간 천적들의 먹이가 되기 십상이라 씨가 마를 것이다. 녀석들은 비가 오면 빨리 짝을 찾아야 하는 숙명 때문에 울음소리라는 가장 효율적인 방법으로 진화했는지 모르겠다.

동물이나 인간이나 배우자의 마음을 얻으려면 많이 노력해야 한다. 이는 건강한 유전자를 남기기 위한 자연의 법칙이라지만 같은 수컷의 처지에서 조금은 슬퍼진다. 궁금해서 열 시쯤 나가 보았다. 개구리 소리가 다소 잦아들었다. 모두 짝을 찾기를 바라며 관사 쪽으로 발걸음을 옮겼다. 운동장에 이르자 머리 위에 북두칠성이 또렷이 떠 있다. 열한 시 반이 넘어 다시 가보았더니 개구리 소리가 더 줄어들었다. 그 사이 짝을 많이 찾았나 보다.

다음 날 아침 다섯 시, 그때까지 노래 부르는 녀석은 아무도 없었다. 모두 짝짓기에 성공한 것 같아 마음이 놓인다. 밤새도록 노래 부르느라 피곤해서 단잠에 빠져들었겠지!

제3부

고기압과 고기 앞

이를 어찌할거나

내 몸무게는 대학생 시절과 별반 다르지 않다. 죽 그랬던 것은 아니다. 40대 중반에 살이 꽤 찐 적도 있다. 얼굴에 살이 붙으니 건강해 보였다. 그런데 체조를 하려고 몸통을 좌우로 돌리면 둔하게 느껴졌다. 운동장에서 교직원과 배구를 하려니 점프가 어렵고 움직임도 둔했다. 중위에서 수비와 공격을 해야 하는데 마음대로 되지 않아 운동하는 재미가 별로였다. 뱃살 때문에 허리띠 구멍을 두 개나 늘려야 했다. 이래서는 안 되겠다 싶어 저녁마다 동네 체육공원에서 열심히 운동했다. 먹는 양도 조절했다. 그리 오래 걸리지 않아 몸무게가 제자리로 돌아오니 몸도 한결 가볍고 자신감이 생겼다.

50대 중반이 되자 살집이 좀 있으면 좋겠다는 생각이 들었다. 중후하게 보일 것 같고, 잔주름도 줄어들 뿐만 아니라 더 젊어 보일 것 같아서다. 그러려고 평소보다 밥을 더 먹고 간식도 즐겼다. 몸무게가 조금씩 늘어가는 것을 확인하자 재미가 있었다. 그런데 건강 검진 결과가 나오자 갈등이 생겼다. 고혈압 전 단계인데다, 당화 혈색 수치도

요주의였다. 게다가 술도 가까이하지도 않는데 간 수치도 이례적으로 높았다. 췌장은 초음파 결과 다발성 작은 혹이 있어 추적 관찰이 필요하다는 의사의 소견이 적혀 있었다.

평소에 음식을 가려 먹고 나름대로 운동도 열심히 하는 편인데 의외였다. 할 수 없이 몸무게를 줄여 가기로 마음먹었다. 채식 위주로 먹는 데다 스쿼트와 매달리기 등의 근력운동과 걷기를 병행했더니 금방 예전으로 돌아왔다. 하지만 오랜만에 본 지인들은 살이 너무 빠졌다며 어디 아픈 곳이 없냐고 묻기도 한다. 그럴 때마다 웃으면서 넘기기는 하지만 고민스럽다. '얼굴에만 살이 찌는 방법은 없나?' 하고 상상해 본다.

작은아들은 나보다 몸이 더 호리호리하다. 신체검사에서 체중 미달로 상근예비역이 나왔을 정도다. 하지만 군에 먼저 간 친구들의 얘기를 듣고 부러웠는지 자원입대해서 복무를 마쳤다. 제대하고 한동안 몸집을 키우겠다고 먹는 양을 늘리고, 운동도 열심히 하더니 지금은 식사량을 조절한다. 몸도 둔하고 배가 볼록 나와서 그렇단다. 최근에는 하버드의대 교수의 『노화의 종말』을 읽더니 걱정할 정도로 적게 먹는다. 소식과 간헐적 단식이 질병을 예방하고 건강 수명을 늘려 준다는 것을 알았다며 내게도 읽어 보라고 권한다.

작은아들과는 다르게 큰아들은 살이 찌는 체질이다. 지난해부터 가족사진을 찍자고 얘기했는데 얼굴이 좀 갸름해지면 하자고 우기다 지난 7월에야 겨우 사진관에 갔을 정도로 살 빼기가 어려웠다고 한다. 그동안 헬스클럽에서 열심히 운동하고, 단백질 다이어트를 성공적으로 한 결과라면서 먹는 것도 별로 없는데 살이 찐다고 한다. 하지만 나는 녀석의 식습관으로 비롯된 문제라고 본다. 첫째는 고기를 너무 좋아한다. 혼자 사는 집 냉장고에는 닭가슴살이 가득하다. 근육을 늘리기 위해서란다. 주중에 혼자 살다가 주말에는 집에 와서 밥상을 보고는 "절간에 수도하러 온 것 같다."라며 볼멘소리한다. 나도 젊어서는 육식을 좋아했다. 하지만 몸 건강과 동물 복지, 지구 환경을 위해 채식해야 한다는 것을 알고는 가려 먹는다.

녀석의 두 번째 식습관 문제는 밥 먹는 중간에 꼭 물을 마신다는 점이다. 어렸을 적 외할머니가 밥을 먹일 때마다 물도 함께 마시게 했던 것이 습관이 되어 버렸다. 위액이 희석되어 소화 장애가 생기기 쉽다는 것은 상식인데도 개의치 않는다. 최근에 읽었던 이의철의 『조금씩 천천히, 자연 식물식』을 보면, 식사 중에 국 같은 액체를 섭취하면 십이지장으로 빠져나간 당분이 소장에서 빠르게 흡수되어 혈당이 급상승하고 인슐린도 많이 분비된다고 한다. 체중이 늘어나고 복부 비만이 생기며, 고지혈증 위험이 증가한다고 말하고 있다. 한두 시간 후에 소화가 되면 물을 마시라고 해도 듣는 둥 마는 둥 한다.

밥을 너무 빨리 먹는 것도 문제다. 천천히 씹으면 식욕을 억제하는 호르몬이 분비되는데, 그렇지 않으면 과식으로 이어질 수 있어 비만의 원인이 될 수 있다고 하는데도 그렇다. 위장에도 좋을 리 없다. 잘게 씹지 않고 삼키면 위에 부담이 되기 때문이다. 인터넷에서 찾아보니 '급하게 음식을 먹으면 음식물과 함께 공기도 들어가게 된단다. 그러면 위에 압력이 높아져 밖으로 내보내는 과정에서 식도에 염증을 일으킬 수 있다.'고 한다. 최근 건강 검진에서 '역류성 식도염'을 진단받았다. 빨리 먹는 것이 원인으로 보인다. 건강에 악영향을 주는 식습관을 고치라고 말해도 잔소리라 생각하고 가볍게 흘려들으니 안타깝다.

내가 어렸을 때만 해도 코흘리개 아이들이 많았다. 영양이 부족해서였다. 그만큼 못 먹고 살았다. 지금은 영양 과다로 여러 가지 질병에 노출되어 있다. 비만은 무릎 관절염뿐만 아니라 고혈압, 고지혈증, 당뇨 등 많은 질병을 부른다. 식습관은 고치지 않은 채 운동만 열심히 하면 문제가 해결될 것으로 생각하지만 한계가 있다니 새겨들을 일이다. 우리 몸은 비상시를 대비하여 남는 에너지는 지방으로 저장해 둔다고 한다. 비상식량을 함부로 내놓을 리 없다. 들어온 만큼 소비를 해야 할 텐데 자꾸 쌓여서 여러 가지 문제가 일어난다.

올해 들어 유독 자연재해 뉴스가 많이 나왔다. 캐나다에서는 섭씨 50도가 넘는 더위, 미국과 터키, 그리스에서는 큰 산불, 독일과 덴마크에서는 홍수로 큰 피해를 입었다. 이와 함께 탄소 배출 감축과 기후 위기 대응 소식도 자주 전해진다. 지구의 평균 기온이 높아진 것은 화석연료를 너무 많이 사용했기 때문이지만 탄소를 흡수하는 숲이 사라지는 것도 큰 이유다. 지구의 허파로 불리는 아마존 숲이 계속 줄어드는 것은 나무를 베어 내고 초지를 만들어 소를 키우고 사

료용 콩을 재배하기 때문이다. 우리나라도 수입을 많이 하니 자유롭지 못하다. 전문가들은 지구의 자정능력은 이미 상실되었다고 한다. 급격하게 나빠진 환경을 그나마 조금 늦출 수 있는 가장 빠른 방법은 채식으로 바꾸는 것이다. 혼자서는 해결할 수 없는 일이지만 조바심이 난다. 한국인처럼 먹으면 지구가 두 개 반이나 필요하다는 이야기를 들은 터라 매일 밥상을 앞에 두고 고민이다. 우리 집도 그렇지만 학교 급식도 채소 위주의 식단이 아니어서다. 밖에 나가도 마땅한 식당을 찾기 어렵다. 이를 어찌할거나!

늙수그레한 이발사

내가 자주 가는 이발소는 걸어서 10분쯤 걸리는 곳에 있다. 평수가 작은 서민 아파트 단지 상가 1층이다. 이곳을 찾은 지 꽤 오래되었다. 들어서면 특유의 퀴퀴한 냄새가 좀 역겹다. 나이 70은 족히 넘었을 것 같은 늙수그레한 이발사 할아버지가 "어디 가실라우?"라고 투박하게 인사하는 것이 전부다. 손님은 대부분 나보다 나이 들어 보이는 분들이다. 젊은 사람은 찾아볼 수가 없다.

그런데도 늘 찾는 이유는 주변에 갈 만한 이발소가 없기 때문이다. 가격도 싸서 부담도 없다. 굳이 차를 타고 다른 동네까지 가는 것은 내키지 않는다. 잘 깎아 준다는 확신이 들지 않기 때문이다. 수년 전에 가까운 곳에 이발소가 생겨서 반가운 마음에 갔다가 엄청 후회한 적이 있다. 꼭 단발머리 모양으로 해 놓아 우스꽝스러웠다. 화가 많이 났지만 어떻게 할 도리가 없었다. 얼마 지나지 않아 그곳은 문을 닫았다. 그 후로는 다른 곳에 가려고 시도조차 하지 않는다.

젊어서는 머리카락을 자르면 당연히 얼굴 면도까지 해야 하는 줄 알았다. 그렇지만 언제부터인지 하지 않는다. 수염을 자르려고 뜨거운 물수건으로 턱을 감싸는 것도 싫지만, 피부가 약해서인지 하고 나면 그 자리가 많이 아프다. 그래서 집에서도 거품을 바르고 쓱쓱 긁는 손 면도는 하지 않는다. 당연히 그 이발사도 "면도 안 하죠?"라고 한다. 머리 감겨 주는 일은 주로 할머니 담당이다. 가끔 할아버지가 해 줄 때는 시원하기는 한데 투박하다. 할머니는 손길이 가볍고 부드러워서 좋다.

예전에는 "귀밑머리를 짧게 잘라 주세요."라고 했는데 요즈음은 "윗머리는 성그니 쪼끔만 자르고 다른 곳은 적당히 잘라 주세요."라고 한다. 주문대로 잘해 주지 않는다. 그래도 내 뒤에 손님이 없으면 단골이라 그런지 제법 공력을 들인다. 한마디로 좌우 균형을 맞추려고 가위질이 잦다. 하지만 달갑지만은 않다. 이쪽저쪽 자르면 머리카락이 자꾸 짧아지는 느낌이다. 그렇게 신경 써서 완성했더라도 늘 뭔가 조금 부족하다. 어쩔 수 없이 아쉬운 부분은 집에 와서 거울을 보며 다듬는다.

예전에는 머리숱이 많았다. 지금은 한 올 한 올을 소중히 여긴다. 반 곱슬머리라서 시기를 넘기면 앞머리가 물결처럼 구부러지기 시작한다. 단정하게 보이려면 그 전에 잘라야 한다. 대학에 떨어지고 재수생이었을 때는 단발머리에 가까울 만큼 길었던 적도 있다. 그 시절은 버스를 타고 가면 군데군데 경찰이 검문하고 수상하게 보이는 사람은 검문소로 내리고 갔다. 이제는 무용담처럼 옛이야기가 되어 버렸지만, 장발일 때는 나도 조사받은 경험이 두어 번 있다.

지금은 머리가 조금만 길어도 답답하다. 귀를 덮으면 때가 되었다는 신호로 받아들인다. 주로 공휴일을 이용하는데 되도록 아침 일찍 서두른다. 그런데 한두 명은 꼭 먼저 와 있다. 그럴 때 기다리는 시간이 무료하다. 오래된 텔레비전은 늘 켜져 있어도 원하지 않는 프로그램이라서 불편하다. 신문도 며칠이 지난 것이라서 보고 싶지 않다. 그곳을 찾는 고객이 고령인 데다 주인도 별로 신경 쓰지 않는다.

두어 달 전에는 감염병이 우려되어 사람을 피하려고 마음먹고 일찍 갔다. 주인이 오기를 기다리며 맞은편 아파트 앞에서 이발소를 주시하며 걸었다. 몇 바퀴를 도는 동안 보이지 않았는데 순간 이발소에 불이 켜져 있었다. 서둘러 들어갔더니 벌써 이발하려고 의자에 앉아 있는 사람이 있었다. 뒷모습을 보아하니 나이가 꽤 들어 보였다. 머리도 짧아 보였다. '영감탱이, 아직 이발할 때도 안 됐구만. 되게 할 일도 없나 보네!' 내가 먼저 왔다고 주장할 수도 없는 노릇이어서 순서를 기다릴 수밖에 없었다.

아내는 가끔 아파트 미용실을 이용해 보라고 권유하지만 내키지 않는다. 예전에 미용실에 간 적이 있는데, 머리카락을 단발머리 자르듯이 싹둑싹둑 자르는 것이 영 마음에 들지 않았다. 하고 나서도 어색했다. 그 뒤로는 가지 않는다. 앉아 있으니 기구를 가져와 고개를 젖히고 편안하게 감겨 준 것은 좋았다. 분위기와 서비스가 이발소와 비교할 바는 아니지만, 그것만으로 미장원을 찾을 수는 없지 않는가?

그래도 머리카락을 자를 때가 되면 한번 가 보고 싶은 생각이 드는 것도 사실이다.

두 아들은 예약하고 미장원에 간다. 그곳에는 젊은 남자 미용사가 있단다. 젊은이들이 미장원을 찾는 이유가 분명 있을 것이다. 환경도 깨끗하고 친절하며 신세대 감각에 맞게 잘라 주기 때문일 것이다. 어떤 분야든지 경쟁에서 살아남으려면 소비자의 요구에 맞게 변화를 모색하고, 투자를 아끼지 않아야 한다. 하기야 젊은이들이 이런 직업을 선호하지 않으니 나이 든 이발사에게 기대하는 것은 무리겠지. 갈 만한 이발소도 찾기 어렵지만 점점 줄어드는 것 같아 안타깝다.

자전거와 뱀술

학창 시절, 남모르는 고민이 있었다. 교련이나 학교 행사 시간에 종종 땅바닥에 앉아 있어야 했는데, 그럴 때마다 왼쪽 다리를 만져보면 감각이 없다. 꼭 남의 다리를 만지는 느낌이다. 물론 일어서서 활동하면 서서히 되돌아온다. 초등학교 6학년 때 자전거를 타다 다쳤는데 내버려 두었기 때문에 생긴 일이다. 어렸을 때는 동네 친구들과 간척지 제방으로 자주 놀러 갔다. 그 근처에서 놀다가 사고가 난 것이다. 바닷물이 드나드는 물웅덩이가 있어 멱을 감을 수도 있고, 문저리(망둑어) 낚시도 할 수 있는 좋은 장소였다.

어느 여름날이었다. 아랫마을에 사는 친구가 짐빠리를 타고 그곳에 왔다. 그 자전거는 짐을 싣는 용도로 만들어져 뼈대가 굵고 바큇살도 많다. 핸들이 흔들리는 것을 막으려고 지지대를 바퀴축에 여러 개 연결해 놓았다. 넘어지면 무거워서 일으키기도 어렵다. 주로 어른들이 타고 다니기에 의자도 높아 몸을 좌우로 많이 뒤뚱거리며 페달을 밟아야 한다. 타 보고 싶은 호기심이 일었다. 간신히 올라타서 간

들간들 느리게 나아가다가 약간 언덕진 곳에서 그만 자전거와 함께 밑으로 굴러떨어져 버렸다.

둑길은 좁기도 하거니와 울퉁불퉁하다. 그리고 제방 아래쪽에는 공사하고 버려진 큰 돌덩어리가 많았다. 넘어지면서 뾰족한 돌에 왼쪽 골반뼈를 다치고 말았다. 많이 아팠지만 혼날까 봐 부모님께 말도 못 했다. 그때는 웬만하면 참고 지내던 시절이다. 이후 그곳에 자꾸 말썽이 생겼다. 누르면 아프기도 했지만 어혈이 생겼는지 감각이 이상했다. 오랫동안 변변한 치료 한번 받지 않았다. 그렇지만 고맙게도 언제부터인가 그런 증상이 없어져 고민도 사라졌다.

고등학교 2학년 때는 하굣길에 자전거를 타고 가다 오른쪽 어깨뼈에 금이 가는 사고를 당했다. 야간 자율학습을 마치고 집으로 가는 중이었다. 비가 추적추적 내리는 날이어서 집에 빨리 가려고 자전거 페달을 열심히 밟았다. 그런데 갑자기 마주 오는 자전거와 '꽝' 부딪치고 말았다. 경황이 없어 어떻게 되었는지 모르지만 아마도 공중으로 치솟았다가 길바닥에 떨어지면서 어깨를 다친 것 같다.

상대편 자전거에는 중국 음식 배달원이 타고 있었지만 멀쩡했다. 화가 많이 났지만 어리기도 하고 어떻게 할 도리도 없어 그냥 보내 주었다. 사고가 난 곳은 학교에서 얼마 떨어지지 않은 까치고개라고 하는 곳인데 나는 언덕길을 막 오르고, 그는 내리막길을 달리는 중에 벌어진 일이다. 지금이야 가로등이 환하게 켜져 있지만 예전에는 어두컴컴해서 잘 보이지 않았다. 그 사고 때문에 조금만 움직여도 어깻죽지가 몹시 시고 아팠다. 제대로 앉고 일어설 수조차 없었다. 벽에 등을 조심스럽게 대고 천천히 앉고 일어나려면 벽에 의지해야 했다. 아마도 뼈가 부러졌거나 금이 간 게 아닐까 싶었지만 당시만 해도 병원에 갈 엄두를 내지 못했다.

그러던 어느 날 시골에 사는 큰형님이 뱀술을 가져왔다. 결리는 데 효과가 좋단다. 투명한 파란색 유리병에 큰 독사 한 마리가 똬리를 틀고 있었다. 쳐다볼 수도 없으리만치 징그러웠다. 아픈 걸 참고 견디는 것보다는 낫겠다 싶어서 먹기로 했다. 하루에 한 잔씩 마셨다. " 뱀독이 이빨에 닿으면 나이 들어 이가 다 빠지니까 목구멍으로 털어넣어라."라고 하지만 쉽지 않았다. 마시고 나서도 강한 흙냄새가 나서 구역질이 나고 뒤끝이 아주 불쾌했다. 생마늘을 한 쪽씩 씹어야 역겨운 냄새가 겨우 잦아들었다.

하루는 친하게 지내는 중학교 친구가 놀러 왔기에 마셔 보라고 했다. 호기심인지 권유에 못 이겨서 그랬는지 마시는가 싶더니 급하게 화장실로 뛰어갔다. 바닥에 먹은 것을 곧바로 쏟아냈다. 나중에 알고 보니 그는 술 한 잔도 못 하는 체질이었다. 어쨌든 시간이 지나자 어깨 통증은 사라졌다. 뱀술 덕분인지 자연 치유 때문인지 아직도 알 길은 없다.

자전거를 배우면서 누구나 크고 작은 사고를 겪기 마련인데 나는 유달랐던 것 같다. 예전에는 운이 없어 많이 다쳤다고 생각했는데 지금 생각해 보면 더 큰 사고로 이어지지 않은 것이 천만다행이다. 이제는 자전거에 얽힌 상처가 아스라한 옛일이 되었다. 기회가 되면 친구와 제주도 해안 도로를 따라 자전거로 일주하고 싶다. 이루고 싶은 꿈 목록에 추가해야겠다.

코앞에 놓인 큰 과제

"퇴직하고 등산 다니기 시작하면 인생 끝나 버려야." 2주 전, 친구 셋이서 영광으로 가면서 이런저런 얘기를 하던 중에 나온 말이다. 은퇴하면 등산을 좋아하는 지인들과 자주 산을 찾으려고 마음먹었기에 귀에 거슬렸다. 무슨 근거가 있냐고 따지기도 마뜩잖은 상황이었다. 그도 퇴직 후에 무엇을 하고 지낼 것인지 고심한 끝에 한 말 같아서다.

그는 특이한 이력이 있다. 사립 중학교에서 국어를 가르치던 일을 그만두고 지인과 동업하다 여의치 않자 서울로 가서 입시 강사를 꽤 오래 했다. 그러다 다시 내려와 한동안 식당을 운영하다 접었다. 그 후에 매형의 건축 사업(신축 아파트 외벽 공사)을 돕더니, 수년 전에 태양광 회사 대표로 갔다. 그 당시에는 70세까지 할 것 같다고 하여 부러움을 샀는데 이삼 년 안에 그만둘 생각이란다. 사장이 운영 방법을 터득해서 자기 역할이 줄어들어 회사를 나올 수밖에 없다는 것이다. 이제 무엇을 할지 걱정이라면서 내던진 말이다.

그가 한 말의 뜻은 퇴직 후 별다른 일 없이 등산을 피난처로 삼으면 더이상 어떤 일에 도전하지 않게 된다는 것이다. "평균 수명이 늘어나 활동할 수 있는 기간이 길 텐데 그렇게 지내서는 안 된다."라는 것이 전하고자 하는 의도였다. 그러면서 자신은 퇴직하기 전에 공인중개사 시험에 도전해 볼 거라는 뜻도 내비쳤다. 옆에 앉은 친구도 경비지도사 자격증을 따 볼 생각이란다. 그는 퇴직을 1년 앞둔 경찰공무원이라 직업과 연관된 일을 찾으면 좋겠다고 했다.

은퇴 시기가 되어가니 너나 할 것 없이 고민이 많은 듯했다. 나도 코앞으로 다가왔다. 몇 년 전부터 퇴직 후에 '무얼 하며 살아야 할까?' 골몰해 보지만, 뚜렷한 방책이 떠오르지 않는다. 그저 막연할 뿐이다. 처음에는 숲 해설사 자격증을 따서 환경과 관련한 단체에서 봉사 활동을 해 볼 요량이었다. 그쪽에 관심이 많은 데다 가르치는 일이 직업이어서 잘할 수 있을 것 같았다.

하지만 오래가지 못했다. 텔레비전에서 광산구에 있는 고려인 마을을 소개하는데 그곳 사람들의 어려운 사정을 알고 나자 마음이 바뀌었다. 그들은 일제 강점기에 조국을 떠나 연해주에서 살다가 소련의 강제 이주 정책으로 중앙아시아로 옮긴 동포의 후손이었다. 모습은 우리와 다를 바 없으나 말은 잘하지 못하며, 이곳에 적응하여 살아가는 데에도 어려운 점이 많았다. 말과 글을 가르치고, 아이들의 부족한 공부를 도울 수 있다면 이만한 곳도 없을 듯했다.

외국인이나 이주민을 대상으로 우리 말과 글을 가르치려면 자격증이 필요했다. 교원을 대상으로 하는 원격 연수 사이트를 찾아보니 120시간의 연수가 개설된 곳이 있어 등록했다. 이 과정을 이수하고 국립국어원에서 주관하는 '한국어 교육 능력 검정 시험'에 통과하면 '한국어 교원 3급 자격증'을 얻을 수 있어서다. 그러나 정해진 시간을 채우는 일은 보통이 아니었다.

수업 동영상을 찍어서 올리는 마지막 과정을 두고 있었는데 지인한테 귀가 번쩍 뜨이는 얘기를 들었다. 온라인으로 3학기 48학점을 이수하면 시험도 보지 않고 2급 자격증을 딸 수 있다는 것이다. 3급 검정 시험을 통과하기가 어렵다고 들었는데 잘되었다 싶었다. 같이 문해력을 공부하는 회원들에게 권했다. 둘이 흔쾌히 해 보겠단다. 한 분은 지인까지 끌어들여 다섯 명이 되었다.

직장에 다니면서 시간을 이수하는 것은 여간 어려운 일이 아니다. 과목도 많고 과제도 만만치 않았다. 시간마다 출석 체크도 하고 중간고사도 치러야 한다. 맨 마지막 수강은 한 학기 동안 실습 과정이었는데 나주 동신대에서 매주 토요일을 바쳐야 했다. 여럿이 같이했기에 망정이지 혼자였더라면 해내기 어려웠을 것이라고 이구동성으로 말했다. 어렵고 힘든 과정을 마친 결과여서 그랬을까! 문화관광부장관 직인이 찍힌 자격증을 받고 보람을 느끼고 더 소중하게 여겨졌다.

반가운 마음에 고려인 마을의 달라진 사정도 알고, 찾아가 보고 싶어 검색해 보았다. 예상하지 못한 홈페이지가 떴다. 이곳저곳을 둘러보니 후원 단체가 결성되어 있어 내가 끼어들 여지가 없어 보였다. 이왕에 외국인을 가르치는 자격증을 땄으니 난독아 지도 자격증을 따 보기로 했다. 외국인 자녀를 가르치는 데 유리할 것 같았다.

웬만한 지자체에는 '다문화 지원센터'가 있다. 그곳에서 기회를 잡을 수도 있을 것 같았다. 문향회 회원들에게도 도움이 될 것 같아 권유했더니 흔쾌히 승낙했다. 나를 포함하여 여섯 명이 도전했다. 이제 1년 동안 가르쳤던 난독 아이 지도 사례 최종 발표만 남겨 두고 있다. 세 명의 '슈퍼 바이저 심사'를 통과하면 된다. 자격증을 따더라도 원하는 대로 될 것인지 미지수다. 설령 바라는 대로 되더라도 고작 일주일에 두세 번일 것이다. 남는 시간은 어떻게 해야 할지 모르겠다. 다행스럽게도 퇴직 후에 함께 놀 친구는 있다. 그렇더라도 날마다 놀 수는 없지 않는가? 이래저래 걱정이다.

예전에 읽었던 스코트 니어링의 『조화로운 삶의 지속』이 생각난다. 교수였던 그는 반전운동으로 해직되어 19년 동안 농사지으며 자연과 함께 살아간다. 농사일하고, 지역사회 시민들과 연대하며, 오롯이 자신의 시간을 보내는 데 각각 네 시간을 할애한다. 이른바 '4 4 4 규칙'을 지키며 생활한다. 어느 한쪽에 치우치지 않고 조화롭게 생활한 것이다. 나도 한 주의 계획과 하루의 생활 규칙을 세우면 될 것도 같다. 읽고 싶은 책, 가 보고 싶은 여행지, 하고 싶은 일 등 이른바 버킷리스트를 작성하여 하나씩 성취해 나가는 것도 생각하고 있다. 아직은 이 모든 것이 풀어야 할 큰 과제다.

새장가 갈 일 있소?

작년 10월 초, 탈모 치료를 하려고 충북대학교병원 피부과를 찾았다. 여러 차례 고민하다 큰마음을 냈다. 40대 후반부터 양쪽 이마가 조금씩 넓어지는 것 같아 신경이 쓰였는데 60대가 가까워지자 눈에 띄게 달라졌을 뿐만 아니라 머리카락이 가늘어지고 숱도 성글어지는 것이 확연했다. 머리를 감으면 예전과 달리 배수구 주변에 머리카락이 많이 있었지만 내 것이 아니길 바랐다.

아내는 병원을 가 봐야겠다는 내 말에 "새장가 갈 일 있소?"라며 말렸다. 그렇지만 내 결심을 꺾을 수는 없었다. 탈모 치료로 유명한 의사가 이 병원에 있다는 것은 수년 전에 알았다. 언젠가 도움을 받을지도 모른다고 생각해서 메모해 두었지만, 그간 잊고 있었다. 그런데 한 지인이 이 병원에 다닌다면서, 꽤 효과를 봤다고 말해 결단하게 되었다. 그분이 정년을 앞두고 있다고 해서 더는 미룰 수도 없었다.

한 달 전에 예약한 날짜인지라 실수하지 않으려고 아침 일찍 집을 나섰다. 입구에 들어서니 이른 시각인데도 붐볐다. 2층 피부과에도 벌써 서너 명이 대기하고 있었다. 먼저, 간호사가 나누어준 설문지를 작성했다. 차례가 되어 예진실로 들어가니 젊은 의사가 있었다. "유명한 옆방의 교수님도 탈모를 치료하고 있어요."라며 설문을 바탕으로 몇 가지 물어본 내용을 정리했다. 얼마 기다리지 않아 진료실로 들어섰다.

몸은 마른 편이었으며 첫인상은 인자해 보였다. 젊은 의사의 말대로 교수도 정수리 부분의 머리숱이 적었다. 의자에 앉아 있으니 돋보기로 머리 상태를 살폈다. "엠(M)자로 탈모가 진행되고 있네요."라며 환자가 유의해야 할 내용이 적힌 설명서를 내놓는다. 먹는 약의 주의점과 바르는 약의 사용법을 자세히 얘기해 주었다. 그뿐만 아니라 머리 감는 특별한 샴푸가 있다고 하면서 여러 가지 이야기를 하는데 다 기억할 수는 없었다. 1년 후에 다시 진료하러 오는 것이 좋겠지만, 약값이 부담되면 6개월도 가능하다고 했다. 병원을 나서기 전에 채혈하고 근처 약국으로 갔다.

처방전을 확인하더니 한참 지나서 약이 가득 들어 있는 커다란 종이봉투를 건네주었다. 들어 보니 버거울 정도로 무거웠다. 1년분 약값은 약 140만 원이었다. '이래서 6개월도 가능하다고 했구나!' 각오는 했으나 내 예상을 훌쩍 넘었다. 한꺼번에 이렇게 많은 돈을 쓴 일이 없는데 착잡했다. 샴프는 빼고 싶다고 하니까 설명서를 보여 주며 빨강 펜으로 필수라고 적혀 있단다. 할 수 없었다. '그동안 강의를 여러 번 나갔으니 내게 주는 선물이라고 생각하자.'라고 마음을 고쳐먹으니 조금 편해졌다.

약을 받아들고 학교로 향하면서도 마음은 여전히 어두웠다. 앞으로 10년은 관리해야 할 텐데 적잖은 부담이었다. 길게 보면 차라리 머리카락을 심는 편이 나을 것 같았다. 이런저런 생각을 하며 학교에 도착했다. 교장실 창문 너머로 보이는 벚나무 가지에는 빛바랜 잎 몇 개가 위태롭게 대롱대롱 달려 있었다. '나무는 봄이 되면 잎이 새로 돋아나는데 사람의 머리카락은 왜 다시 나지 않을까?' 옆에 있는 느티나무 잎도 노릇노릇 단풍이 들기 시작했다. '나도 이제 인생의 가을 언저리에 있구나!' 서글픈 생각이 물밀듯이 밀려왔다.

아내가 커다란 종이봉투에 든 약을 보며 "약값은 얼마나 들었어요? 한 300만 원?"이라며 궁금해했다. 차마 입이 떨어지지 않았을뿐더러 말하고 싶지도 않았다. 아무런 대답을 하지 않자, 함께 운동했던 남자 지인도 탈모약을 먹고 머리숱이 많아져 파마까지 했는데 얼마나 들어갔는지 도무지 말하지 않는단다. 약을 종이가방에서 꺼내 펼쳐 놓으니 제법 많았다. 병원에서 준 설명서를 꼼꼼히 읽어 내려갔으나 복잡해서 잘 실천할 수 있을지 의문이 들었다.

먹는 약도 끼니마다 혹은 이틀에 한 번씩 먹어야 하는 두 종류가 있다. 달력에 표시해 놓지 않으면 헷갈린다. 샴푸도 교대로 사용해야 한다. 처음에는 어제 무엇을 사용했는지 헷갈렸으나 이제 요령이 생겼다. 다음 날 사용할 것을 앞에 내놓는다. 바르는 약도 한 가지만 있는 것이 아니다. 수요일, 일요일 용이 따로 있다. 양쪽 이마 연장선에서 정수리 뒷부분까지 머리카락을 빗으로 이리저리 넘기며 촉촉할 만큼 충분하게 발라야 한다. 10분 남짓 걸리는데, 젖은 머리카락을 가르마를 타서 가지런히 빗어 넘기면 이마가 훤히 드러나 꼴이 꽤나 우습지만, 그조차 익숙해졌다.

한 달쯤 지난 어느 날 거울을 보니 반질반질한 이마 한구석에 하얀 솜털이 보송보송 제법 나 있었다. 신기해서 아내에게 보여 주자 "진짜네."라며 웃는다. 석 달이 지나자 약간 거뭇거뭇해졌다. 머리숱도 많아진 느낌이었다. 1월 중순에 친구들과 울릉도에 갔는데 오랜만에 본 친구 아내가 많이 달라졌다고 해서 기분이 좋았다. 듣기 좋으라고 한 말이 아니라 사실이란다. 그렇지만 언제까지 이런 번거로운 짓을 해야 하는지 고민스럽다. 먹고 감는 일은 비교적 쉽지만, 날마다 바르는 일은 보통 정성으로 되는 일이 아니다.

최근에 오미크론에 감염되어 자가 격리된 뒤에 3주간 바르는 것을 생략했다. 시험 삼아 그런 것이다. 그런데 거뭇거뭇하던 솜털 숫자가 많이 줄어들었다. "탈모를 치료하다가 중단하면 원래 상태로 돌아가니까 획기적인 방법이 나올 때까지 계속해야 합니다."라는 교수님 말씀이 귀에 맴돌았다. 엊그제부터 다시 열심히 바르고 있다. '이왕 사 놓았으니 다 없어질 때까지만이라도 제대로 해 보자.' 돌아가시기 전에 아버지는 그렇지 않았지만, 큰형님과 작은형님 모두 머리숱이 적은 걸 보면 집안 내력도 있는 모양이다. 두 분처럼 마음을 내려놓으면 편하기야 하겠지만 아직은 그러고 싶지 않다.

지난 대선에서 어떤 후보가 탈모 치료비를 건강보험으로 지원한다는 공약을 발표하여 화제가 되었다. 탈모 인구가 천만에 가깝다니 비단 나 혼자만의 고민은 아닌 게 그나마 위로가 된다. 나이가 많더라도 남에게 초라한 모습은 보이기 싫다. 바르는 약은 번거로워 그만두더라도 먹는 약만큼은 포기하고 싶지 않다. "몸에 좋지 않은 음식은 머리카락 건강에도 좋지 않다."라는 교수님의 말씀을 실천하며, 획기적인 치료제가 어서 나오기를 정화수 떠 놓고 빌기라도 해야 할 판이다.

술은 건강을 파먹는다

몇 해 전까지만 해도 연초가 되면 빼놓지 않고 세우는 신년 계획이 있다. 바로 술을 적게 마시는 것이다. 경계선을 넘으면 이런저런 실수를 하고 여러 날 고생하기 때문이다. 스스로 경각심을 가지려고 '담배는 건강을 좀먹고, 술은 파먹는다.'라는 말까지 적어 두었다. 나도 모르게 조금씩 건강을 해치는 흡연과 달리, 과음은 하룻밤 사이에 눈에 띄게 몸을 망가뜨리는 것 같아서다.

알코올을 분해하는 능력은 개인차가 있겠지만 술을 잘 못 마시는 나로서는 과음하게 되면 숙취가 심하여 고통스럽다. 속도 쓰리고 머리도 아픈 데다 칼슘이 빠져나가는지 종아리뼈까지 아리다. 이도 아프다. 어디 그뿐이랴! 화장실을 들락거리는가 하면, 며칠 동안 컨디션도 엉망이 된다. 머리도 멍하다. 지능 지수가 확 낮아진 느낌이다. 당연히 일의 능률이 떨어진다. 목구멍도 아프고 목소리도 변한다. 젊을 때는 일주일이면 정상으로 되돌아오는데 50대 이후에는 더 걸린다. 그래서 되도록 술을 멀리하려고 노력한다.

심하게 술을 먹으면 한동안은 술병을 쳐다보기도 싫다. 그런데 시간이 지나면 언제 그랬냐는 듯이 또 찾는다. 주량이라고 할 것도 없지만 소주 서너 잔이 정량이다. 그래서 회식 자리에서는 다른 사람에게 잘 권하지 않는다. 술잔이 다시 돌아온다는 것을 알기 때문이다. 하지만 거절하는 것도 한계가 있다. 인정을 뿌리치지 못하고 몇 잔을 받다 보면 어느새 취기가 돈다. 경각심을 늦추면 금세 무장해제가 된다. 그때부터는 술이 술을 부른다. 말수도 많아지고 목소리도 커진다. 평소와 영 다른 사람이 된다.

과음하면 몸만 고생하는 게 아니다. 블랙아웃까지 벌어지면 마음 고생까지 한다. 필름이 끊긴 것처럼 어느 시간대에 무슨 일이 있었는지 전혀 기억을 되살릴 수 없으니 불안하다. 혹시 큰 실수라도 하지 않았을까 걱정이 꼬리를 문다. 그렇다고 술자리를 함께한 사람에게 물어볼 수도 없다. 창피하기도 하고 실수했다는 말을 들을까 봐 두려워서다. 블랙아웃은 단기 기억을 관장하는 해마가 일시적으로 마비되면 나타난다고 한다. 뇌 건강에 빨간불이 켜진 것이라는 기사를 본 후로는 더 조심하나 뜻대로 잘 되지 않는다.

술 때문에 아찔한 사고로 이어질 뻔한 적도 있다. 관내 교감단 회장을 맡은 시절의 일이다. 교육청 장학사를 비롯한 간부급 직원과 회식이 있었다. 새 학년도의 인사이동으로 얼굴도 익히고 친목도 다질 겸 마련한 자리이다. 한데 교육청 직원들은 여섯 시에 퇴근이라 우리끼리 한 시간이나 기다려야 했다. 조금 일찍 만나 배구 시합하고 회식 장소로 갔다. 운동을 좋아하는 교육장, 교육과장도 초대하여 함께하니 더 활기가 넘쳤다.

운동을 마치자마자 서둘러 식당에 갔다. 어떻게 마중하고 자리를 배치할 것인지 신경이 쓰였다. 시간이 되자 모두 모였다. 미리 생각해 두었던 대로 인사말을 했다. 뒤이어 교육청 직원을 대표하여 교육장의 인사와 소개가 이어졌다. 교감단 총무가 집에서 가져온 술을 한 잔씩 따랐다. 내가 건배를 제의하자 조용했던 분위기가 한순간에 달아올랐다. 명색이 회장인데 한자리만 고수하고 있을 수도 없어 여기저기 권했다. 되돌아오는 술잔도 물리치기 어려웠다. 체면을 차리고, 건강을 걱정할 처지가 아니었던 것이다. 분위기는 한껏 끌어올렸으나 정작 나는 경계를 넘고 말았다

목포에 사는 교감이 태워 주어 관사로 올 수 있었다. 새벽녘이었다. 매캐한 냄새에 눈이 떠졌다. 아뿔싸! 방안이 연기로 가득했다. 보리차를 끓이려고 가스레인지를 켜놓고 잠이 들어 버린 것이다. 제법 큰 스테인레스 주전자였는데 보리는 새카맣게 타서 흔적도 없었고, 찌꺼기는 바닥에 붙어 버렸다. 머리도 아프고 몸을 가누기도 힘들어서 방문을 열고 연기만 겨우 빼낸 다음 다시 드러누웠다.

다음 날 일어나 보니 주전자 색깔마저 짙은 회색으로 변해 있었다. 싱크대 일부분도 새까맣다. 다행히 불연재라 불이 붙지는 않았다. 십년감수했다. 불이라도 났으면 이 무슨 낭패인가. 주전자는 아무리 철수세미와 모래흙으로 문질러도 제 색깔로 돌아오지 않았다. 한동안

방안의 매캐한 냄새를 없애려고 날마다 방문을 열어 두었다. 이제야 털어놓는 부끄러운 기억이다.

아내는 내가 3년 주기로 행사를 치른다고 한다. 돌이켜보면 큰 사건 없이 운 좋게 여기까지 왔다. 이제는 사회적인 체면도 있고, 건강도 예전 같지 않아서 조심하는 편이지만 방심은 금물이다. 젊어서부터 잘 마시던 친구들도 이런저런 이유로 술을 끊거나 양을 줄이는 사람이 많다. 과음하면 꼭 후회가 뒤따른다. 기분 좋을 정도로만 마시는 지혜가 필요하다는 걸 알면서도, 나도 모르게 호기를 부릴 때가 있다.

다산 정약용은 두 아들에게 '술맛이란 입술을 적시는 데 있다. 술을 마시는 정취는 살짝 취하는 데 있는 것이지 얼굴빛이 홍당무처럼 붉어지고 구토하며 잠에 곯아떨어져 버리는 것은 술 마시는 의미가 없다. 술 마시기 좋아하는 사람들은 병에 걸리기만 하면 폭사(暴死)하기 쉽다.'라며 술 마시는 법을 편지에 써서 보냈다고 한다. 내가 새겨들어야 할 말이다.

두 번째 독서 모임을 마치고

점심시간이 끝나면 30분 가까이 걷기 운동을 한다. 그런 다음 조금 쉬었다 문해력이 약한 2학년 아이를 가르치고 나면 두 시가 조금 넘는다. 지금까지 한 자씩 읽는 자모 읽기에서 못 벗어났는데, 몇 번 다시 읽게 했더니 제법 유창하게 읽었다. 하도 기특하여 교무실에 가서 교감 선생님에게도 읽어주라고 했다. 얼마 지나지 않아 과자 한 봉지를 들고 왔다. 한 자도 틀리지 않고 잘 읽었다며 칭찬해 주었단다. "조금 부끄러웠어요."라고 작은 목소리로 이야기한다. 기쁜 마음으로 평소보다 조금 일찍 문해력 공부를 끝냈다.

바로 이어 오전에 듣던 사이버 연수 1강을 마칠 요량으로 컴퓨터 앞에 앉았다. "두 시 반부터 모둠별로 '전문적 학습 공동체' 활동이 있습니다." 업무를 담당하는 선생님의 방송이다. 마음이 바빠졌다. 발표하려면 준비가 필요한데 잊어버린 것이다. 발표할 내용을 참고하려고 인터넷을 검색했다. 읽은 지 오래되었기 때문이다. 그사이 같은 모둠원인 영양교사가 들어와 전학공을 어디서 할 것인지 물었다. 교장실보다는 도서실이 좋겠다고 한다. 시작 시간보다 늦지 않으려고 난필로 메모했다. 다행히 늦지 않게 도서관으로 향할 수 있었다.

지난 시간에 이어 자신의 생활에 영향을 많이 받은 책을 소개하기로 한 날이다. 영양교사와 보건교사가 기다리고 있었다. 그런데 토론실이 아니라 바닥이 따뜻한 온돌방이다. 따뜻한 곳이 좋을 것 같아서란다. 앉은뱅이 작은 책상을 하나씩 차지하고 조금 기다리자 유치원 교사도 왔다. 병원 예약 때문이라며 영양교사가 먼저 이야기했다. 지인의 소개로 『기억 안아주기』를 읽으려고 샀는데 다 못 읽었다며 다음에 발표하겠다고 하고 자리를 뜨면서 다음부터는 절대로 이런 일이 없도록 하겠단다.

두 번째로 보건교사가 예전에 읽었다는 『당신이 옳다』를 소개했다. 이야기하려면 토론 주제가 필요하다며 몇 장 복사해서 나누어 주었다. 그중 일부를 유치원 교사가 소리 내어 읽고 이야기를 나누었다.

비록 세 명이었지만 공감과 관련된 많은 얘기가 오고 갔다. 공감과 경청의 차이가 무엇인지, 공감 능력을 키우려면 어떻게 해야 하는지, 남녀 간 공감의 차이는 무엇인지, 소시오패스(반사회적 인격 장애자)는 공감 능력이 떨어지기 때문에 죄책감을 느끼지 못한다는 이야기 등.

유치원 교사는 『모모』의 주인공처럼 다른 사람의 이야기를 들어주고 공감해 주는 것이 중요하다는 얘기도 했다. 보건교사는 상담전문가처럼 아이들을 가르치는 교사가 공감 능력을 키워야 한다는 말도 덧붙였다. 책을 쓴 저자가 하고 싶은 얘기는 각자가 느끼는 감정을 '

맞다', '틀리다'라고 할 수 없기에 그 감정을 공감해 주는 것이 중요하다고 결론지었다. 수긍이 가는 내용이었다.

내 차례가 되어 『농부 철학자 피에르 라비』를 소개했다. 자연, 인간, 생명을 키워드로 하는 책이다. 법정 스님이 쓴 책을 보고 읽었다. 피에르 라비는 사막이 넓은 북아프리카 알제리의 오아시스에서 태어나 낙타에 짐을 싣고 교역을 하는 대상들을 보고 자란다. 어느 날 프랑스 여행객을 만나 입양을 가게 된다. 그곳에서 대학까지 졸업하고 은행에 취직하지만 더 이상 행복할 수 없다는 것을 깨닫는다. 결국 어린 시절에 겪은 자연을 동경하며 아내와 함께 아무도 살지 않은 황무지로 간다. 수도와 전기도 없는 곳에서 가축을 기르며 버려진 땅을 옥토로 가꾼다. 종교와 음악, 굳은 믿음이 있었기에 자급자족하며 자녀와 함께 행복하게 살 수 있었을 것이라고 했다.

자연스럽게 친환경 문제로 이야기가 이어졌다. 요즘 우리가 지나친 소비생활로 아파트에 쓰레기가 산더미처럼 쌓이는 것을 보면 마음이 아프다는 이야기에 서로 공감했다. 육식과 환경 문제는 연결되었다는 얘기도 나왔다. 소를 기르고 도축하는 과정에서 너무 많이 환경을 오염시킨다는 얘기도 오갔다. 닭과 돼지, 소를 공장식 축사에서 기르고 부드러운 육질을 잃기 전에 죽임을 당한다는 얘기를 하며 인간의 탐욕이 언제까지 계속될 것인지 생각해 보았다. 결국 육식의 문제점을 이야기하다 환경 문제로 이어졌다.

"우리 세 명이라도 '착한 소비'를 하면 어떨까요?"라고 제안했다. 유치원 교사가 착한 소비가 무엇이냐고 물어서 친환경 생활과 같은 개념이라고 설명했다. “농약을 많이 쓴 것도 소비자가 과일과 채소를 고를 때, 깨끗하고 보기 좋은 것만 찾으니까 농민이 그런 제품을 생산할 수밖에 없다.”라고 했다. 다음 모임에는 그동안 각자 ‘착한 소비’를 실천한 내용을 얘기해보자는 데 동의했다. “우리 독서 모임에 담임 선생님들이 참여하면 좋겠는데요.” 유치원 교사의 얘기다. 환경과 관련하여 『왜 세계의 절반은 굶주리는가?』라는 책도 읽어보자고 했다.

어느덧 시간이 1시간 반 가까이 흘렀다. 유치원 교사에게 다음에 하는 것이 어떻겠느냐고 했더니 오늘 끝내는 것이 좋겠단다. 『총, 균, 쇠』를 소개했다. 자기는 이 책을 읽고 머리를 한 대 얻어맞은 것 같았단다. 그 얘기를 듣고 예전에 읽었던 『책은 도끼다』가 생각났다. ‘많은 것을 깨우쳤구나! 나도 읽어봐야지.’ 책이 두껍기도 하고, 내용이 딱딱할 것 같아 읽을 시도조차 하지 않았던 것을 후회했다. 읽었더라면 많은 것을 공감할 텐데 말이다.

도서관을 나서기 전에 “교장 선생님과 많은 시간 동안 이야기해 볼 수 있어 좋았어요.”라고 말했다. 나도 교사들과 책을 읽고 긴 시간 이야기 나눈 건 처음이다. 같이 토론하면서 내가 생각하지 못한 점들을 나눌 수 있을 뿐만 아니라 미처 몰랐던 선생님의 또 다른 장점을 발견할 수 있어 좋다.

오늘 아침 샤워를 하며 ‘착한 소비’를 하자고 한 약속이 생각나서 서둘러 샤워를 마쳤다. 선생님들은 어떻게 실천하는지 다음 전학공이 기다려진다. 우리의 실천이 나비의 작은 날갯짓에 불과하지만, 의미 있는 일이기에.

청소와 좌뇌

지금은 모든 초등학교에 환경미화원(시도마다 이름은 다름)을 두어 현관이나 화장실 등 학생이 청소하기 어려운 곳은 이들에게 맡긴다. 하지만 예전에는 교무실과 행정실을 쓸고 닦는 일은 물론 쓰레기통 비우는 일까지 학생의 몫이었다. 아이들이 교실과 복도의 유리창까지 닦아야 했으며, 고학년은 화단도 관리해야 했다. 청소 시간은 늘 시끌벅적 어수선했다. 운동회나 소풍 등 크고 작은 행사에도 청소 계획은 빠짐없이 들어 있었다. 교육 경력이 많은지라 청소와 관련한 추억도 많다.

첫 부임지는 우리나라에서 두 번째로 큰 섬의 중심학교인데, 학년마다 4학급이었으며 한 반의 학생도 50명이 넘었다. 3월 초에 나이 지긋한 교사가 교직원회의에서 교실과 복도, 특별실, 현관은 물론 운동장, 교문, 화단 등 학교 곳곳을 몇 학년 몇 반이 맡아야 할지 발표하고, 청소에 필요한 도구를 요구하라고 하였다. 고학년은 저학년 교실과 이들이 사용하는 화장실까지 담당해야 했다. 그 당시에는 새마을 주임(옛 부장교사 명칭 중 하나)의 큰 임무 중의 하나가 청소다.

회의가 끝나면 교실에서 아이들과 의논하여 청소 구역과 기간을 정한다. 쉽게 할 수 있는 장소도 있지만 그렇지 않은 곳도 있기에 공평해야 한다. 5학년 담임이었는데 교실 앞 화단도 관리해야 해서 신경 써야 할 곳도 많았다. 화단은 휴지도 주어야 하지만 풀도 뽑아야 해서 괭이를 사주라고 했다. 호미로 잡초를 뽑는 것은 한계가 있어서다. 며칠이 지나 청소 용구를 받았다. 화단을 맡은 아이들을 데리고 나가 집게로 휴지를 줍고 괭이로 땅 파는 시범도 보였기에 잘할 것으로 믿었다.

다음 날이었다. 교실에서 청소 지도를 하는데 한 아이가 헐레벌떡 뛰어와 큰일 났다고 한다. 사고를 직감하고 서둘러 화단으로 갔더니 한 녀석이 두 손으로 머리를 감싼 채 웅크리고 앉아 있었다. 피는 많이 나지 않았으나 머리 위쪽이 밤송이처럼 하얗게 벌어져 있어 징그러웠다. 응급조치할 생각도 못 하고 재빨리 가까운 병원으로 데리고 갔다. 다행히 뇌는 다치지 않아서 몇 바늘 꿰매서 약을 바르고 거즈로 덮은 다음 반창고를 붙이는 것으로 치료는 끝났다.

부모한테 전화한 기억은 없다. 당황스럽기도 했고, 경험도 없었다. 어쨌든 항의는 받지 않았으나 얼마나 가슴 철렁했는지 모른다. 지금 같아서는 부모가 가만있지 않았을 것이다. 책임을 추궁했더라면 입이 열 개라도 할 말이 없다. 시범을 보이기는 했으나 주의 사항을 단단히 이르지 않아서 일어난 사고였다. 아이들은 힘도 세지 않고 괭이 사용하는 방법을 잘 모르기에 큰 사고로 이어지지는 않았다. '어른처럼 땅을 제대로 파려다 사고가 났으면 어쩔 뻔했는가?' 생각하면 아찔하다.

교장으로 발령받은 부임지에서도 좋지 않은 추억이 있다. 특별실을 돌아보는데 방송실에 잡다한 물건이 쌓여 있었다. 오래된 관보 묶음철, 폐기 처분해도 될 백과사전과 장학 자료, 철 지난 비디오테이프, 고장 난 기자재, 버려도 좋은 생활용품 등 온갖 것들이 가득했다. 도서실과 교무실 사이에 있어 마치 창고처럼 이용하고 있었다. 그대로 둘 수 없어 시설 관리 주무관과 함께 여러 날 동안 해묵은 것들은 버리고 가치 있는 것은 말끔하게 정리했다.

며칠이 지나서 같이 청소했던 분이 허리가 아프단다. 그는 학교에서 시설관리직으로 퇴직했는데, 다시 기간제로 근무하고 있었다. 그동안 허리 수술하고 온전히 낫지 않았는데도 말하지 않았던 것이다. 책임감이 강한 데다 교장이 팔 걷고 하자는데 차마 아프다고 말하지 못했다. 얼마 지나지 않아 결국 그만두었다. 말없이 잘 따라 주어 고마웠는데, 나 때문에 물러나는 것 같아 미안하고 마음이 무거웠다.

두어 달이 지나 교육청 주차장에서 그를 만났다. 무슨 일로 왔냐고 물었더니 취직해서 근무하는 중이란다. 행사가 있어 주차 관리를 하고 있었다. 다행히 아팠던 허리도 많이 좋아졌고, 크게 힘쓸 일도 없을 것 같아 지원했다는 말을 듣고 마음이 가벼워졌다.

교사 시절에 학급을 맡으면 먼저 교실 자료함 뒤와 밑에 쌓여 있는

묵은 먼지를 깨끗이 청소하는 일부터 했다. 그런 후 자료함 바구니에 들어 있는 학습 자료를 보기 좋게 정리한다. 과학이나 체육 업무를 맡으면 과학실과 체육 창고의 교구를 분리하여 못 쓰는 것은 버리고, 사용할 만한 것은 깨끗이 정리한다. 그래야 직성이 풀린다. 관리자가 되어서도 그랬다. 우뇌가 발달한 사람은 감각적이고 예술적인 반면, 좌뇌가 발달한 사람은 논리적이고 체계적이어서 깨끗한 것을 좋아하고 정리 정돈을 잘한다고 한다. 나는 후자 쪽에 가깝다. 그런 성향이어서 가는 곳마다 일을 벌이는 편이다.

한동안은 집 정리가 안 되어 있으면 못마땅했다. 물건을 사용하고 제자리에 놓아야 하는데 여기저기 늘어놓기 때문이다. 더 이상 두고 볼 수 없는 한계점에 이르면 깨끗이 청소하고 정리한다. 하지만 부글부글 끓어오르는 화를 주체할 수 없어 아내에게 쏘아붙이면 안절부절 어쩔 줄을 모른다. 며칠이 지나면 또 마찬가지다. 이제는 그러려니 하고 넘어간다. 성향이 다르다는 것을 인정하고 이해한다. 나이가 들어가면서 귀만 순해지는 것이 아니라 눈도 그런가 보다.

이렇게 초록별을 떠나고 싶다

생명의 근원인 물은 어디에서 왔을까? 원래부터 있었다고 주장하는 사람도 있으나 우주에서 왔다는 과학자의 말에 더 믿음이 간다. 얼음 덩어리 소혜성이 1년에 1천만 개가 지구로 날아오는데 태양열에 증발해서 기체가 되고 비나 눈이 되어 지상에 떨어진단다. 이렇게 수십억 년 동안 계속되어 바다가 만들어졌다고 한다. 물이 우주에서 왔다면 지구상에 사는 생명체도 마찬가지이고, 인간도 우주에서 온 여행자나 다름없다. 그리고 언젠가 때가 되면 예외 없이 이 행성을 떠나야 한다.

내 나이 60줄에 들어섰으니 인생의 계절로 치면 가을이다. 지구별에서 여행 시간이 얼마나 남아 있는지 모르지만 어떻게 마무리하는 것이 좋을지 가끔 생각한다. 유시민은 『어떻게 살 것인가』에서 죽음을 어떻게 준비하느냐에 따라 삶의 내용과 의미, 품격이 달라진다고 했다. 내세울 것도 별로 없고, 물려줄 재산도 없는 나로서는 가족에게 남기는 유언보다는 이것이 현실적일 것 같다. '남아 있는 삶의 시

간, 어떻게 살다가 이 초록별을 떠날까?'

크고 작은 인연으로 맺어진 사람들과 어울려 살면서 매력 있고 호감 가는 사람이 되고 싶다. 저녁노을이 아름다운 것처럼 나이 들어서도 품위를 잃지 않으면 존중받지는 못하더라도 싫어하지는 않을 테니까. 그러려면 다른 사람을 배려하며 신중하게 판단하고 행동하는 것을 잊지 않아야겠다. 또, 남의 말을 경청하고, 너그럽게 대하며 쉽게 화내지 않도록 조심해야 한다. 아울러 몸가짐을 단정히 하고, 겸손함을 잃지 않으며 베풀며 산다면 끌리는 사람이 될 것이다.

초록별에서 즐겁게 여행하려면 규칙적으로 생활하고 건강을 지키는 노력은 필수다. 또, 성취감도 느끼고, 생각이 유연해지려면 읽고 쓰는 일을 게을리하지 않아야겠다. 사회에 봉사하는 일도 찾아야겠지. 지금 생각으로는 다문화 가정의 아이들을 돕고 싶다. 이제껏 교직에서 하던 일을 이어 느린 학습자들을 가르치려고 한다. 그 일이야말로 내가 가장 잘하면서 아이의 인생을 변화시킬 수도 있기 때문이다. 일주일에 하루는 가족과 보내겠다. 그리고 또 하루나 이틀은 지인들과 함께 당구와 등산으로 건강도 다지고 취미생활을 이어가고 싶다. 오래 알고 지내는 대학 친구들과는 일 년에 한두 번 국내와 국외 나들이를 하며 지내려고 한다.

바람이기는 하나 인생의 겨울은 주택에서 지내고 싶다. 텃밭을 일구고 식물을 가꾸며 계절의 변화를 느끼고 싶어서다. 가끔은 가족들을 위해 손수 마련한 음식으로 식단을 준비해서 잔치도 벌이고 싶다.

아직은 음식 만드는 일에 서툴지만 차차 배우면 되겠지. 그렇게 지내다 혹시라도 거동이 불편해지면 시설에 의탁하기보다 생활하는 데 편리하게 실내를 고쳐서 지내려고 한다. 이런 생활마저 힘들어지면 품위 있는 마무리를 어떻게 해야 할지 가족에게 도움을 부탁하련다.

행성을 떠나고 난 뒤에는 주변 경관이 좋고, 그늘이 있는 나무 아래에 작은 흔적으로 남겨졌으면 좋겠다. "열심히 살다 초록별을 떠나다."라는 작은 묘비명 앞에서 아래의 내용 중에 한두 가지라도 추모한다면 다른 행성에서 더없이 기뻐할 것이다.

그는 친절하고 다정한 스승이자 꾸밈없는 진솔한 사람이었으며 좋은 교사가 되려고 노력을 멈추지 않았습니다. 합리적인 사회가 되기를 늘 바랐으며, 스스로 모범이 되려고 많이 고민했습니다. 원칙에 충실했으며 성실한 자세로 주어진 일에 최선을 다하려고 했습니다. 스승, 아버지, 남편으로서 일과 삶의 균형을 유지하려고 애썼습니다. 형식적인 틀보다는 내용을 중시했고, 사랑으로 맺어진 인간관계에서 의미를 찾으려고 했습니다. 생명을 소중히 여겼으며, 자연을 사랑했습니다. 또한, 남을 이해하고 배려하며 소박하게 생활했습니다.

내일이면 집을 지으리

우리 집 서재에 정목일의 『마음꽃 피우기』 한 권이 책꽂이에 자리하고 있다. 출판된 지 꽤 오래 되었지만 공감되는 이야기 한 편이 들어 있어 쉽게 버릴 수 없다. 티베트의 전설에 나온다는 '내일이면 집을 지으리'라는 새 이야기가 그것이다.

이 새는 밤이 되면 히말라야 산에서 몰아치는 눈보라와 세찬 바람 때문에 잠을 이룰 수 없어 사람이 사는 집 처마에 몸을 의지한 채 밤새도록 울부짖는다. "아, 내일이면 꼭 집을 지으리." 뼛속으로 파고드는 추위에 떨면서 집 없는 처지를 서러워한다. 날이 새고 산 위로 해가 떠올라 따사로운 햇살이 비치면 지난밤의 추위와 고통은 금세 잊고 다시 또 노래하며 하루를 보낸다. 또다시 어둠이 내리고 살을 에는 듯한 추위가 칼날처럼 파고들면 내일은 반드시 집을 짓겠다고 다짐하지만 해가 뜨면 밤의 고통을 잊는다.

내 마음에도 그 새가 살고 있다. "아, 외국인과 의사소통할 수 있는 영어 실력을 쌓으리라." 굳게 다짐하고 시작하지만 번번이 용두사미가 되고 만다. 인터넷 사이트에서 연수를 받기도 하고, 라디오에서 진행하는 영어 프로그램도 듣는다. 예전에는 비싼 돈을 들여 세트로 된 테이프나 시디(CD)가 포함된 책을 사기도 했다. 시작했으면 끝을 보아야 하는데 아직도 나는 영어 왕초급 신세를 면치 못하고 있다. 다람쥐 쳇바퀴 돌 듯이 그 자리를 맴돈다.

영어 공부에 흥미를 느끼지 못한 것은 중학교 1학년 때부터다. 선생님은 칠판 가득 적어 놓고 큰 소리로 한 단어씩 따라 말하게 했다. 지시봉으로 교탁을 치면서 가르쳤기에 그 소리가 귀에 몹시 거슬려 심장이 두근거렸다. 또, 매를 맞을지도 모른다는 두려운 시간이었다. 영어를 가르치는 젊은 선생님 한 분은 학생들에게 인기가 있었다. 우리 학년을 직접 가르치지는 않았는데 재미있게 가르친다는 소문이 자자했다. 어느 날은 외국인 친구를 초대하여 같이 수업하는 것도 보았다. 그런 반면 우리를 가르치는 나이 지긋한 선생님은 영어 공부의 필요성을 느끼게 하거나 재미있게 가르치지 않고 별다른 자료 없이 그저 따라 읽고 외우게 하는 게 전부였다. 첫 단추가 잘못 꿰어진 바람에 나는 영어의 기초를 완벽하게 다지지 못했고 영어 시간이 되면 주눅이 먼저 들었고 성적은 늘 바닥이었다.

고향의 중학교를 졸업하고 광주에 있는 개교한지 몇년 안된 고등학교에 배정받았다. 친구들은 쉬는 시간이나 자율학습 시간에 '성문 종합 영어'로 공부했다. 실력이 뛰어난 친구는 아예 사전을 통째로 외우기도 했다. 기초가 부실한 나는 중학생 수준의 '삼위 일체'를 가지고 다녔으나 도저히 펼 수가 없었다. 학원에도 다녀 보았지만 역시 수준에 맞지 않았다. 영어 시간은 지루하기 짝이 없어서 끝나기만 기다렸다. 그래서 공부 못하는 아이들의 심정을 누구보다 잘 안다.

한번은 이런 일도 있었다. 내 앞에 앉은 승석이라는 친구는 여드름이 유난히 많았는데 여성 잡지를 자주 가지고 왔다. 쉬는 시간이면 친구들이 그의 주변에 모여 들곤 했다. 영어 시간이었다. 선생님이 이름을 부르면 교과서에 나온 문제의 답을 차례대로 칠판에 적었다. 그 친구가 지명받았다. 답을 쓰는 동안 선생님은 군에서 소대장으로 근무했던 기갑부대 이야기를 해 주었다. 모두 선생님의 얘기에 귀를 기울였지만 나는 그 친구에게 집중했다. 평소에 행실이 그래서 나만큼이나 영어를 못할 것으로 여겼기에 잘하려나 궁금해서다. 그는 한참을 생각하고 나서 답을 쓰기 시작했다. 그런데 마지막 단어의 철자 제트(Z)를 크게 갈겨썼다. 확신에 찼는지 끝부분도 휘어졌다. 그 순간 나도 모르게 "아쭈우!" 소리를 지르고 말았다. 교실은 웃음바다가 되었다.

선생님은 몹시 화난 목소리로 나를 부르더니 엎드리게 했다. 나는 영문도 모르는데 다짜고짜 때리기 시작했다. 변명할 틈도 없었다. 아마 자신을 비난하는 줄 알고 그랬을 것이다. 밀걸레 자루로 얼마나 맞았는지 모른다. 경사진 교문까지 난간을 붙잡고 내려와야만 했다. 집에 와서 교복 바지를 벗었더니 퉁퉁 부은 데다 피멍 자국이 선명했고 피가 속옷을 적셔 엉덩이에서 잘 떨어지지도 않았다. 부모님께 말도 못 하고 다 나을 때까지 그 아픔을 혼자서 감내했다. 영어 열등감으로 일어난 혼자만의 속 이야기다.

고등학교 3년 동안에도 영어 성적은 바닥이었다. 시험은 아무렇게나 찍기 일쑤여서 '양'과 '가'를 면하지 못했다. 어떤 때는 요행을 바라고 '나가라 나가라 다 나가라' 순으로, 때로는 오름차순과 내림차순으로 찍기도 했다. 실력이 이러하니 영어는 포기하고 다른 과목의 점수를 올리는 작전을 폈으나 한계가 있었다. 결국 재수하면서 영어 대신 일본어를 속성으로 공부해서 예비고사를 보았다.

다행히 대학에서는 1학년 때 영어가 교양 과목이어서 별 어려움이 없었다. 그 시대는 초등학교에서 특별 활동의 한 부서로 영어부가 운영되기도 했는데 중요성이 크게 부각되지는 않았다. 우연한 기회에 장학사의 권유로 특별 활동 영어 직무 연수를 받게 되었는데 내게는 너무나 힘든 과정이었다. 특히, 조별로 대표 수업을 해야 하는데 그 수업을 자원하는 사람이 없어서 난감했다. 나이가 가장 적은 내가 하는 것이 당연하지만 자신이 없어 끝내 거부했다. 지금도 그때를 생각하면 미안하고 부끄럽다.

올 것이 오고야 말았다. 초등학교에 영어가 정식 교과목으로 들어왔다. 교사 연수가 의무적으로 이루어져서 더 이상 피할 길이 없었다. 그럭저럭 연수는 받았지만 몇 시간 받은 것으로 자신 있게 영어 수업을 할 수 있다면 그토록 오래 '영어 울렁증'에 시달리지는 않았을 것이다. 고육지책으로 아이들에게 가는 피해를 최소화하고자 다른 반 선생님과 교환 수업을 했지만 그럴 때마다 자존감은 상처받았다.

가족들과 괌에 여행을 갔을 때 일이다. 방이 청소되어 있지 않아 용감하게 항의하러 갔지만 한 마디도 제대로 하지 못하고 돌아왔다. 뉴질랜드 여행 때는 어느 농장 앞에서 파는 체리를 사려는데 주인이 뭐라고 하면서 자꾸 저울에 올려놓으려 해서 몇 번을 옥신각신하다 결국 사지 못하고 돌아왔다. 나중에 생각해 보니 무게로 파는 모양이었다. 그 농부가 얼마나 답답했을지 생각하니 부끄럽기 짝이 없다.

올해 1월 초에는 대학 친구 두 부부와 해외여행을 하면서 곤혹스러운 일을 겪었다. 이것도 순전히 영어 때문에 일어난 일이다. 베트남을 거쳐 캄보디아에서 관광하고, 다시 베트남으로 입국하여 여행하는 일정이었다. 중저가 상품이기에 현지에서 가이드를 만나기로 되어 있어 인천 공항에서 캄보디아까지 서로 의지하며 어렵게 갔다. 캄보디아 일정을 마치고 호치민 공항에서 입국 절차를 밟는데 군복을 입은 공안이 우리 세 부부만 못 나가게 했다. 화난 목소리로 뭐라고 얘기하는데 하나도 알아들을 수 없었다. 친절한 면도 찾아볼 수가 없었다. 현지 가이드는 공항으로 들어오지 못하게 되어 있어 도움을 받을 곳도 없었다. 우리 중 영어를 잘하는 사람이 없어서 뭐가 잘못되었는지, 어떻게 해야 하는지 몰라 불안하고 답답한 시간이 한참이나 계속되었다.

그러는 사이 한 시간이 훌쩍 흘러서 알고 보니 여행 첫날 환승하면서 공항 밖으로 나갔다 들어온 것이 문제였다. 한국인은 한 달간 베트남을 무비자로 여행할 수 있는데 첫날 공항 밖으로 나가 버렸기에 이번에 베트남에 입국하려면 비자를 다시 발급받아야 한다고 했다. 여행사에서 그런 내용을 알려 주었지만 외국 여행에 서툰지라 실수했던 것이다. 천신만고 끝에 비자를 재발급 받아 여행을 이어 갔지만 일행은 우리가 나올 때까지 고생해야만 했다.

악몽은 거기서 끝이 아니었다. 버스를 타고 가는 동안 현지 가이드가 전화를 받아 내게 바꾸어 주는데 급행료를 주었으니 돌려 달라는 것이었다. 자그마치 1인당 200달러를 내야 한단다. 공항에서 비용을 내고 비자를 발급받았는데 급행료를 추가로 그렇게나 많이 주었다는 것이 이해되지 않았다. 여기는 외국이고, 가이드의 말을 믿을 수밖에 없어서 한국에 돌아가면 나머지 돈을 갚는다고 서명해 주었다. 그런데 저녁에 친구들과 얘기하는데 여행 중에 그런 사기 사건이 종종 일어난다는 것이 보도되었단다. 귀국 날 공항으로 가는 버스에서 친구가 기지를 발휘하여 세 사람 모두 사인해 주겠다고 해서 서명했던 종이를 받아 냈다. 일주일쯤 지났을 때 급행료를 주었다는 사람이 전화했지만 먹혀 들지 않자 더 이상 귀찮게 하지 않았다.

40년 지기 친구들과 같이 한 베트남 여행은 즐거웠지만, 한편으로는 큰 생채기를 남겼다. 여행하는 동안뿐만 아니라 귀국해서도 며칠은 급행료 문제로 골머리를 앓았다. 일행을 이끌던 내가 영어를 잘했더라면 공항 밖으로 나가지도 않고, 설령 나갔더라도 비자 발급 받는 일이 쉽게 끝났을 것이다. 영어 잘하는 사람을 보면 한없이 부럽다.

영어는 권력이라는 말을 실감하는 때가 늘어 간다. 그런데도 나는 오늘도 티베트 전설의 새처럼 외치고 있다. "아, 내일이면 집을 지으리."

일찍 떠나 버린 친구

오래전에 유명 연예인이 나와서 초등학교 친구와 일반인을 섞어 놓은 사람들 속에서 자신의 친구라고 생각되는 사람에게 다가가서 악수를 청하면서 “보고 싶다, 친구야!” 라고 말하는 프로그램이 있었다. 연예인이 내민 손을 잡으면 진짜 친구이고, 잡지 않으면 일반인이었다. 30~40년 전의 어릴 적 추억을 함께 이야기하고 정담 나누는 이야기를 듣다 보면 흡사 내 친구를 만난 듯 반가웠다.

친한 친구 셋이면 부자라는 생각으로 살아왔다. 그런데 수년 전 가장 친했던 친구가 임파선암으로 허망하게 가버렸다. 분당서울대병원에서 수술하고 예후가 좋아 건강을 되찾을 것으로 알았다. 투병 중에는 퇴원 후 고향에서 건강이나 챙기며 살 것이라고 말했는데 막상 퇴원하고서는 분당에서 학원을 운영했다. ‘배운 것이 도적질’이라는 말이 있듯이 아프기 전까지 학원 강사를 했기 때문이다.

그동안 해 왔던 경험을 살려 학원 운영을 시작했지만 생각만큼 쉽지가 않았는지 가끔 안부 전화를 할 때마다 어려움을 호소했다. 강사 시절에는 수강료를 학원장과 일정 비율로 나누어 갖기 때문에 강의만 잘하면 되었는데 막상 운영해 보니 신경쓸 게 한두 가지가 아니었다. 비싼 임대료를 걱정해야 하고, 자신이 문도 열고 닫아야 한단다. 운영비를 줄이려면 책걸상을 정리하고 심지어 청소하는 일까지 할 수밖에 없다고 했다.

특히, 신설 학원이기 때문에 홍보가 절대적으로 필요해서 유명 강사를 데려와야 하고, 자리가 어느 정도 잡힐 때까지 수강생 수에 상관없이 한동안은 큰돈을 주어야 운영이 된다고 했다. 스카웃해 온 유명 강사는 강의만 하면 되는 거고, 수강생 모집과 관리는 모두 학원장이 다 해야 한다니 그 어려움이 어떠하였을지 짐작이 간다. 수강생을 모집할 시기가 돌아오면 부담감이 커지고 스트레스를 더 많이 받는단다. 그렇다고 그만둘 수도 없는 듯했다. 이미 투자금이 상당해서 손을 떼기도 어려웠던 모양이다.

결국 암이 재발하여 수술을 받았지만 저 세상으로 떠나고 말았다. 근본적인 원인은 스트레스였다. 형 셋과 동생, 누나는 모두 건강한데 쉰 초반에 그만 혼자 떠나 버렸다. 비싼 임대료, 매월 유명강사에게 주는 많은 돈, 가늠하기 어려운 손익분기점, 폐원했을 경우의 매몰비용을 생각하며 괴로운 날을 보내는 동안 병마가 다시 나타났던 것이다.

친구와 나는 초등학교는 다르지만 같은 중학교에 다녔다. 1학년 초부터 친해지기 시작해서 3년 내내 함께 다녔다. 앨범을 펼쳐보면 유독 그 친구와 같이 찍은 사진이 많은 이유도 그 때문이다. 그가 사는 마을에 참 많이도 갔다. 친한 남녀 동창들이 여러 명 그 동네에 살고 있었기에 자고 오는 날도 잦았다. 중학교 3학년 때는 그와 내가 런닝메이트로 대대장과 부대대장으로 출마도 했다. 비록 떨어졌지만 그 친구 때문에 소중한 경험을 한 것이다. 여러 사람 앞에 서 본 경험이 적어 소견발표를 고민하고 있을 때 친구가 도와주었다. 발표장에서 머릿속이 하얗게 되어 어떻게 얘기했는지도 모르지만 고마운 친구 덕에 그런 추억이 남아 있다.

친구와 나는 중학교는 시골에서 다녔지만 고등학교는 광주에서 다녔다. 친구는 시내에 있는 학교에 나는 변두리 학교에 배정받았다. 부모님과 사는 나와는 달리 그는 시골에서 엄마가 올라와 방을 얻어 살았기에 자주 그의 집에 놀러 갔다. 엄마는 그런 내가 귀찮을 법도 한데 볼 때마다 반겨주셨다. 단 둘이 영화를 보러 다니는 날도 많았다. 나를 통해 내 고등학교 친구들과도 친해져서 우리는 단짝 친구로 함께 어울렸다.

그는 대학과 인연이 적었는지 광주에 있는 사립대학교 국문과를 삼수 끝에 겨우 합격했다. 쉽게 들어갈 수 있는 대학을 간신히 들어간 것이다. 나중에 이유를 물어보니 중학교 때부터 사귄 여자 친구 때문에 공부에 집중할 수가 없었다고 했다. 뒤늦게 졸업했지만, 서울에서 학원 강사 생활을 했다. 공부를 잘한 것도 아니고, 더구나 알아주지도 않는 지방 대학을 나왔는데도 수완이 좋았다. 졸업하자마자 유명한 강사가 있는 서울 학원에 등록하여 강의를 잘하는 방법, 내용을 전달하는 효과적인 방법을 전수 받았다. 그 뒤 원하던 학원 강사가 되어 결혼도 하고 잘 사는 것 같았다.

그즈음 나는 친구를 자주 만나지 못했다. 경상도로 첫 발령을 받아 멀고 먼 거제에서 5년을 근무했다. 도간 이동으로 전남으로 어렵게 왔지만 집에서 편도 1시간 20분이나 걸리는 거리를 매일 새벽에 일어나 통근하는 피곤한 일상을 보내고 있었기에 얼굴 조차 볼 수가 없었다. 어느 날 교직에 대한 회의감이 들었다. 친구는 나보다 한 달 수입이 비교가 되지 않을 정도로 많았다. '그만두고 서울에서 학원 강사나 해볼까? 친구도 하는데 나라고 못할 것도 없잖아.' 하루에도 열두 번씩 마음이 왔다 갔다 했지만 용기가 나지 않았다.

학원 강사는 포기하더라도 출퇴근하기 좋은 곳에서라도 근무하면 회의감이 줄어들 것 같아 광주시교육청 인사담당 장학관에게 편지를 썼다. 혹시 임용시험에 현직교사를 선발할 계획이 없느냐고. 그런 계획이 없다는 소식과 함께 학생이 있는 곳에 교사가 필요한 것이니 거기가 어디든지 열심히 근무하면 되지 않겠느냐는 내용의 답장이 왔다. 어느 정도 예상한 일이었지만 마음은 쉽게 안정되지 못했고, 교직에 대한 회의감은 쉽게 가라앉지 않았다.

나중에 알게 된 사실이지만 그가 매월 수입이 많았던 것은 그만한 노력과 절박함이 있어서다. 강의를 듣는 학원생 수에 따라 가져오는 돈이 달라지기에 강의를 재미있게 잘해야 할 뿐더러 수강생 관리에 늘 신경을 써야 했단다. 그러니 그가 받는 스트레스는 상상 이상이었을 게다. 수술 후 학원장이 되어서도 혹여 등록하는 학생들의 숫자가 적을까봐 늘 노심초사했던 것이다. 화려함 속에 숨겨진 그늘은 결국 그를 쓰러뜨리고 말았다.

결과적으로 그 당시 내게 용기가 없었던 것은 참으로 다행스러운 일이다. 지금의 직책과 하는 일에 만족하기 때문이다. 관리자가 된 지도 어언 10년이 다 되어간다. 함께 근무하는 교직원들에게 되도록 스트레스를 주지 않으려고 노력하는 것은 스트레스가 얼마나 나쁜 영향을 미치는지 친구를 통해 깨우쳤기 때문이다.

술 한 모금도 마실 줄 몰랐지만 흥이 나면 시조도 읊고, 즉흥시도 발표하며, 에너지 넘치던 친구였다. 결혼 후에도 서로 왕래하며 속사정도 이야기하는 사이였는데 그렇게 빨리 내 곁을 떠날 줄 몰랐다. 친구 셋만 있으면 인생 잘 살아낸 거라는데 소중한 친구를 잃고 보니 한동안은 사는 게 참 허망했다. 영영 볼 수 없게 된 지 수년이 흘렀지만 그는 지금도 내 마음에 깊숙하게 자리하고 있다. 그가 보고 싶다.

고기압과 고기 앞

초등학교 5학년 때의 일이다. 새로운 학년이 되자마자 선생님이 군대에 가는 바람에 한동안 담임 없이 공부했다. 한 달이 넘도록 옆 반 남자 선생님이 우리 반을 도맡아 관리했다. 그분은 시간마다 반장에게 참고서인 전과의 범위를 알려주며 판서를 지시하고 잘하고 있는지 간간이 들어와 확인했다. 물론 그 당시는 무조건 쓰고 외우는 주입식 교육이라서 가르치는 방법에 이의를 제기할 사람은 없었다. 반장이 칠판 가득 쓰면 그것을 베끼는 것이 일과였다.

허구한 날 공책에 쓰는 것이 공부인데 얼마나 재미없고 지루했겠는가. 친구들은 날마다 떠들고 툭하면 싸우기 일쑤였다. 옆 반까지 떠드는 소리가 들리면 선생님이 달려와 매로 다스렸다. 걸리면 회초리 30대에서 50대는 기본이다. 손바닥이나 종아리를 약하지만 빠르게 때리면서 우리에게 숫자를 세라고 했다. 맞는 친구는 아파서 점점 얼굴이 일그러지는데 정작 본인은 웃으면서 때린다. 그분 성함은 '이상연'. 아이들은 그런 태도가 못마땅해서 별명을 지어 '상년(상놈의 반대

개념)'이라고 불렀다.

4월 중순쯤으로 기억한다. 드디어 선생님이 발령받아 오셨다. 교대를 갓 졸업한 분이다. 눈은 부리부리한 데다 키가 크고 말랐다. 머리카락은 배추를 올린 듯 곱슬곱슬했다. 성함은 '장학산'. 특이해서 지금도 잊히지 않는다.

이미 한 달 반이나 담임 없이 생활했기에 선생님은 공부 시간마다 어디까지 배웠는지 물었다. 자연 시간에도 그랬다. 아이들은 반장이 칠판에 마지막으로 쓴 곳까지 진도가 나간 것으로 생각하고 대답했다. 지금도 교과서에 나오는 '일기와 기상' 단원을 막 배운(필기한) 참이었다. 선생님은 우리가 알고 있을 것으로 생각하는지 "고기압이 무엇인지 말해 볼 사람?"하고 질문했다. 약속이라도 한 듯이 모두 고개를 숙이고 눈을 좌우로 돌려 누가 손을 드는지 눈치만 봤다. 행여 선생님과 눈이라도 마주치면 지명 당할 것이 두려워서다.

아무도 대답하지 않자 나라도 손을 들어야겠다는 마음이 들었다. 자신 없는 태도로 천천히 손을 올렸다. 무슨 용기였는지는 지금도 의문이다. 의무감이나 의협심이 발동했던 것으로 짐작할 뿐이다. 아이들이 의아한 눈으로 모두 나를 쳐다보았다. '설마 쟤가 알고 있어?'라는 눈빛이었다. "고기압은 고기를 잡는 앞바다입니다." 선생님은 몇 초간 별다른 표정 없이 생각하는 듯하다가 갑자기 운동장 쪽을 보고는 푸하하하 웃음을 터뜨렸다.

눈만 뒤룩거리던 친구들도 내 대답이 엉터리였다는 걸 알았는지 교실이 떠나갈 듯이 소리 지르고 웃어댔다. 앞에 앉은 상근이는 뒤로 돌아 내 책상을 두 손으로 두들기더니 그것도 모자라 아예 책상을 오르내렸다. 쥐구멍이라도 있으면 숨고 싶었다. 한참 배꼽이 빠지라고 웃어대던 선생님은 그 대답이 신기했던지 웃음기를 멈추지 않은 채로 "그럼 저기압은 무엇이지?"하고 물었다. '저기 앞에서 고기를 잡는 사람'이라고 생각은 했지만, 더 창피를 당할 것 같아 고개를 푹 숙이고 말았다.

그날 이후, 담임 선생님이 싫어졌다. 거리감이 느껴졌다. 날마다 청소 시간이면 검사를 하는 시절이라 피할 수도 없는 노릇이었다. 꼭 나한테만 문제삼아 지적하는 것 같았다. 선생님이 점점 더 미워졌다. 되도록 눈에 띄지 않으려고 선생님이 보이면 몸을 숨겼다. 지금도 그때 교실의 분위기가 고스란히 남아있는 것은 내게 너무나 큰 충격이어서다. 다른 사람 앞에서 발표하는 것을 두려워하는 것은 아마도 그때의 기억이 잠재되어 있어서 그런지 모르겠다.

내가 교육자인지라 가끔 그때의 기억을 되살려 본다. 선생님이 칭찬으로 대신했더라면 어떻게 되었을까? '오, 누구도 생각하지 못한 기발한 생각이야. 참신하고 창의적인걸.' 혹은 '언어 감각이 뛰어나 나중에 훌륭한 국어학자가 되겠어.' 칭찬받을 상황은 아니었지만 한 달이 넘도록 담임도 없이 칠판에 적은 걸 베끼는 식으로 수업이 이루어졌던 걸 감안한다면 그럴 수도 있지 않았을까! 아이들의 웃음거리로만 만들지 않았더라도 선생님을 피해 다니지는 않았을 것이다. 어쩌면 선생님을 따르고 기대에 부응하려고 했을지 모르겠다.

오래전에 읽었던 켄 블랜차드의 『칭찬은 고래도 춤추게 한다』에 나오는 이야기다. 범고래는 돌고랫과의 동물로 몸 길이가 암컷이 7미터, 수컷은 10미터에 달한다. 성질이 사납고 물고기나 다른 돌고래, 해양 포유류를 잡아먹는다. 바다의 무시무시한 포식자로 눈에 보이는 것은 뭐든지 먹어 치운단다. 그런데 3톤이 넘는 이 거대한 동물이 물 위를 3미터나 날아오를 수 있게 만든 훈련의 비법이 무엇일까? 짐작하겠지만 칭찬이다.

처음에는 그저 배가 고프지 않게 해주고 조련사들이 물에 들어가 같이 논다. 어느 정도 우정과 신뢰가 쌓이면 그때부터 훈련이 시작된다. 밧줄을 물속 중간에 넣고 범고래가 아래쪽으로 헤엄쳐 다닐 때는 아무런 관심을 보이지 않다가 밧줄 위로 헤엄치면 먹이를 준다. 규칙을 알아챈 범고래는 점차 밧줄 위에서 더 많이 놀게 되고 조련사는 그때마다 먹이와 스킨십으로 듬뿍 칭찬해 준단다. 그 줄을 점점 더 높이 올려 훈련을 계속하면 마침내 범고래는 물 위로 멋지게 점프할 수 있는 수준까지 발전한다.

바다의 포식자 범고래가 관중에게 가슴지느러미를 흔들고, 조련사를 배에 태워 헤엄치며 관중석 앞쪽에 앉아 있는 사람에게 꼬리로 물세례하는 장면을 상상하는 것만으로도 즐겁다. 인정과 보상 그리고 적절한 칭찬으로 잠재능력을 끌어올린 결과라니 그저 놀랍기만 하다. 교대를 갓 졸업한 선생님에게 폭소 대신 고개를 끄덕여 주는 여유를 기대한다는 것은 지나친 욕심일까? 어쨌든 내게는 큰 상처였다.

그런 경험이 있어서인지 아이들을 가르치면서 거수, 질문, 발표하는 방법(일명 거지발)을 지양하고 자기 생각을 공책에 적게 하여 확인하는 절차를 거쳤다. 또, 틀린 답일지라도 되도록 살려 쓰고, 다른 내용과 연결 지어 '나도 공부에 도움이 되었네. 대답하기를 잘했어!'라는 마음이 들도록 노력했다. 어찌 보면 5학년 담임을 반면교사로 삼았는지 모르겠다.

꾀죄죄한 대중탕에서 반전

기온이 낮아지면 피부에 각질이 생기고 손바닥도 거칠거칠하여 느낌이 좋지 않다. '내가 이렇게 나이 들었나!' 무심한 세월을 탓해도 소용없는 일이다. 거칠어진 피부 중에 제일 눈에 드러나는 곳은 발뒤꿈치 바깥 부분이다. 딱딱해지고 갈라지기도 한다. 스킨과 로션도 발라보지만 소용없는 일이다. 노력하면 조금 나아지지만 젊을 때처럼 반질반질하거나 부드러워지지는 않는다.

날씨가 추워지자 오랜만에 대중탕을 찾았다. 동네 목욕탕은 문을 닫은지 오래라 차를 타고 5분 거리에 있는 사우나에 별다른 생각 없이 갔다. 엘리베이터 문이 열리고 3층을 누르려고 하니 남탕이라고 쓰여 있어야 할 곳에 병원이라고 표시되어 있다. '이상하다. 언제 이렇게 바뀌었지?' 밖으로 나와 간판을 확인해보니 업종이 바뀐 게 확실했다.

목욕하기 어렵게 되었다고 생각하고 차를 놓아둔 곳에 가까이 오자 멀지 않은 건물 옥상 굴뚝에 목욕탕 글자가 눈에 들어왔다. 반가운 마음으로 그곳에 갔다. 건물이 오래되어 보였다. 남탕은 3층에 있었는데 신발장이며 옷장들이 아주 낡았고, 다닥다닥 붙어 비좁고 답답했다. 옷을 벗고 안으로 들어갔더니 성인 몇 사람이 탕 안에 몸을 반쯤 담그고 앉아 있었고 샤워하는 사람도 있었다. 온탕과 열탕에도 성인 두세 명이 들어 있었는데 비좁아 보였다. 한마디로 모든 것이 꾀죄죄했다. 그곳에 있는 사람들마저.

이미 들어와 버렸기 때문에 선택의 여지가 없었다. 먼저 샤워하고 작은 온탕에 들어갔다. 물론 다른 사람에게 방해되지 않도록 옆쪽의 빈 곳에 자리 잡았다. 따뜻한 물에 담근 채 천장을 둘러보니 천장 한쪽 마감재도 떨어져 있다. 색깔도 군데군데 오염된 듯하고 전체적으로 우중충했다. 꼭 7·80년대 목욕탕을 보는 듯했다. '이 사업 참 힘들겠다. 물과 수증기 때문에 시설물이 쉽게 낡아 버리겠어!' 이런저런 생각을 하며 어느 정도 시간이 지나자 처음에 따뜻했던 물이 차가운 느낌이 들자 자리를 옮겨 몸을 불렸다.

'이 정도면 때가 불었겠지!'라고 생각하며 열탕을 벗어났다. 앉아서 때를 밀 수 있는 공간으로 가서 자리를 잡았다. 샤워기 손잡이를 보는 순간 땟국물이 스며들었는지 누렇게 색이 바랬고, 물그릇으로 쓸 세숫대야도 깨끗하지 않았다. '주인은 이런 목욕 용구 청소도 안 하고 뭐하고 있을까? 이러니 손님이 적을 수밖에. 쯧쯧!' 빨리 목욕탕을 벗어나고 싶었다. 가져간 때수건으로 이곳저곳을 바쁘게 문질렀다. 대충 벗기고 갈 요량이었다. 다른 곳은 쉽게 할 수 있지만 손이 잘 닿지 않은 등 쪽은 곤란했다. 옹색하게 등을 밀고 있었다.

그때 뒤에서 "제가 등 밀어드릴게요."하는 소리가 들렸다. 무슨 소린가 싶어 돌아보았더니 20대 후반으로 보이는 안경을 쓴 젊은이가 웃으며 다가온다. 이리저리 등을 밀어보려고 한 내가 안쓰럽게 보였나 보다. 너무도 고마운 마음이 들었다. 때수건을 건네주고 목욕 의자에 앉아 몸을 맡겼다. 젊은이는 목 아래에서부터 등 이곳저곳을 샅샅이 밀어주었다. 정말 개운했다. 고개를 들어 벽면에 붙어 있는 거울을 보았더니 온탕 속에 있던 사람들이 모두 이 장면을 바라보고 있었다.

등을 다 밀고 나서 젊은이는 "저도 등을 좀 밀어주세요." 한다. 의외였다. 나보다 일찍 들어와 있었기 때문에 이미 등을 다 밀고 옹색하게 구는 나를 보고 착한 마음을 냈으리라 생각했다. 젊은이가 고맙고 예쁘게만 보였다. 용기를 내기도 어렵지만, 그의 친절이 아니었다면 어떻게 이렇게 개운할 수 있겠는가! 예전의 목욕탕 모습과는 달리 요즈음은 서로 등 밀어주는 모습을 보기 어렵다. 옆에 있는 사람에게 부탁하기도 쉽지않다.

나도 젊은이의 때수건을 건네받고 등을 밀어주었다. 피부가 약하니 살살 밀어주라고 주문한다. 이곳저곳을 정성을 다하여 문질러 주었다. 샤워기로 깨끗이 씻어 주고 나니 묵은 빚을 갚은 양 상쾌하기까지 하였다. 그가 제자리로 돌아가자 발바닥을 문지르고 주변을 청소했다. 샤워기로 거울과 수도꼭지 주변을 닦고 가져다 쓴 세숫대야와 의자를 씻어 제자리에 포개어 놓았다.

그리고 난 후 샤워를 할 수 있는 곳으로 자리를 옮겨 비누칠한 다음 몸을 씻었다. 그도 옆에서 샤워하고 있었다. 목욕을 마치고 나오면서 젊은이에게 고맙다고 인사했다. "등 밀어주어 고마웠습니다. 복 많이 받을 것입니다." 큰 소리로 덕담하자 고개를 깊숙이 숙이고 "괜찮습니다." 하며 쑥스러운 듯 웃는다. 기분 좋은 마음으로 물기를 닦았다. 환경을 생각해서 수건을 한 장만 사용한 건 물론이다.

목욕탕을 들어서며 불쾌했던 마음이 젊은이의 친절한 행동으로 언제 그랬냐는 듯이 밝아졌다. 그가 보인 친절의 씨앗은 나뿐만 아니라 그곳에 있는 누군가의 가슴에 싹을 틔우고 자랄 것이다. 그 씨앗이 자라 또 다른 사람들에게 널리 퍼져가기를 기대해 본다.

제4부

세상 거꾸로 보기

너도 쓸모 있을걸

"교장 선생님, 오늘 주무관이 예초기로 화단에 풀을 벤답니다." 지난주에 행정실장이 교장실에 들어와 한 얘기다. 풀을 오래 자라게 놓아두면 열매를 맺어 씨앗이 떨어지고, 줄기가 억세서 작업도 어렵게 되니 지금이 적기라는 말도 덧붙인다. "그래요? 하지만 나는 잡초가 싫지 않고 예쁜데!" 그러면서 풀 베는 작업을 1주일 정도 연기해 달라고 했다. 그동안 출퇴근하며 풀꽃에게 눈길을 많이 주었는데 그냥 베어버리면 아쉬울 것 같았다.

어찌할까 궁리하다가 교무부장을 불러 "내가 풀꽃의 잠재적 가치를 교육하고 싶은데 시간을 마련하는 방안이 없을까?"라고 했더니, 생태학습 시간을 활용하면 좋겠단다. 마음이 밝아졌다. 풀꽃에게 흥미를 끌 수 있는 계기를 마련할 수 있겠다는 생각이 들어서다. 내 의중을 선생님들에게 전달하고 날짜와 시간을 의논해 보라고 하였다.

얼마 뒤에 교무부장이 와서 풀꽃 생태 교육할 요일과 시간을 협의하였다며 알려 주었다. 1주일 뒤에 도서관에서 하면 좋겠단다. 중간

놀이 시간을 포함하여 2시간 연속으로 운영하기로 했다. 1교시는 풀꽃 생태를 얘기하고, 2교시는 밖으로 나가 30분간 관심이 가는 풀꽃 친구를 정해 관찰하기로 하였다. 그다음은 교실에 들어가 글과 그림, 시화로 표현하도록 계획했다. 교직원이 모두 나를 주시한다고 생각하니 어깨가 무거워졌다. 이제 미룰 수도, 못 한다고 할 수도 없는 노릇이다. 마음이 바빠졌다.

7년 전 교감으로 근무할 당시, 학교 특색활동 중에 아이들과 담임교사가 교실에서 하룻밤을 보내며 여러 가지 체험하는 행사가 있었다. 나도 한 코너를 맡았는 데 '풀꽃 이야기'이다. 그때 사용했던 프리젠테이션(PPT)를 찾아보았다. 물론 이 자료가 있어서 선뜻 풀꽃 생태교육을 제안한 것이다. 그때와는 상황이 달라져서 많이 보완이 필요했다. 먼저 건물 앞뒤에 있는 화단을 둘러보며 풀꽃을 하나하나 눈여겨보았다. 이름을 알고 있는 것도 많았지만 모르는 녀석들도 있었다. 사진을 찍어 보내면 바로 이름을 알려주는 앱 덕분에 이름을 바로 알 수 있었다.

교정에 있는 풀꽃의 이름을 거의 알아낼 즈음, 교무행정사에게 예전의 자료를 주면서 새로 알아낸 풀꽃을 슬라이드로 삽입하도록 도움을 청했다. 교장의 부탁이라 그런지 기존의 형태를 활용하여 새로운 풀꽃의 사진과 이름을 넣고 열심히 자료 정리를 하고 있었다. 다른 교직원들도 그 옆을 오가며 관심을 보이는 듯했다. 행정실에 갔더니 여자 행정실장이 유리창 너머로 보이는 풀꽃의 이름을 말하며 "교장 선생님, 맞아요?"라고 하는 것이었다. 그동안 관심과 흥미가 높아졌다는 증거 같아서 즐거웠다. 교직원이 먼저 관심을 보이는 것은 곧 절반의 성공이라는 생각이 들어서다. 교무행정사에게 건네받은 자료를 수정, 보완했다. 풀꽃 사진은 화단에서 내가 직접 찍은 것으로 교체했다. 그것이 생생한 자료라고 생각해서다.

드디어 풀꽃 수업을 하기로 계획한 날이 되었다. 당초에는 3, 4교시에 하기로 했으나 다른 일정이 생겨 1, 2교시로 변경되었다. 수업이 시작되기 5분 전에 가서 준비하고 점검해야 하는데 행정실에서 결재가 급하다고 하여 아홉 시가 다 되어 도서관으로 갔다. 물론 자료는 교무행정사를 시켜 화면에 띄워 놓으라고 했다.

서둘러 도서관에 갔더니 전교생이 빼곡히 앉아 있었다. 1학년은 뒤쪽에, 고학년은 앞쪽에 자리하고 있었다. 풀꽃을 공부하게 된 배경을 설명하고 준비된 자료 화면을 보면서 진행해 나갔다. 농부 철학자 윤구병의 『잡초는 없다』와 수년 전 방영되었던 다큐멘터리의 제목이 같아서 이를 동기 유발자료로 활용하였다. 역설적인 제목이기에 흥미를 끌 수 있으리라 생각해서다.

"우리 주변에는 논과 밭, 길가, 집주변, 어디에서든 잡초가 흔한데 왜 잡초는 없다고 했을까요?"라고 했더니 6학년 남자아이가 내 의도와 비슷하게 답했다. "세상에 있는 모든 풀은 쓸모가 있으므로 그렇게 말한 것 같습니다." 제비꽃, 메꽃, 노랑선씀바귀, 살갈퀴, 토끼풀 등 여러 풀꽃의 이름과 유래, 풀꽃과 얽힌 전설을 얘기해 주었다. 그뿐만 아니라 풀꽃의 쓰임, 그리고 작은 꽃의 모양과 색깔 등 우리가 잘 알지 못하는 풀꽃의 생태에 대해 생각해 보게 하고 설명했다. 풀꽃이 살아가는 데 전략이 있다고 하니 아이들이 흥미로워했다.

"제비꽃은 제비가 올 즈음 핀다고 해서 붙여진 이름이랍니다. 그런데 제비꽃의 주변엔 개미가 많아요. 왜 그럴까요? 제비꽃의 열매는 개미들이 좋아하는 '엘라이오 솜'이라는 젤리가 묻어 있는데 개미가 땅속에 저장해 놓았다가 젤리만 먹고 씨앗은 집 밖으로 내다 버리므로 집 주변에서 싹이 튼답니다. 제비꽃은 2세를 이어가는 데 개미를 이용하고 있는 셈이지요. 제비꽃은 위쪽에 꿀통이 있는데 꿀만 먹고 달아나는 얌체 곤충을 경계하려는 전략이구요. 곤충이 좁고 긴 꿀통에 머리를 내미는 순간 곤충의 머리와 등에 꽃가루가 붙어 수분을 쉽게 할 수 있게 되어 있답니다. 제비꽃은 예전에 약과 음식 재료로 이용되었답니다."

1교시 수업을 마칠 즈음 관찰 방법, 유의점, 그리고 관찰에 필요한 휴대용 현미경 사용 방법을 알려주고 두 사람에게 하나씩 확대 현미경 루페를 나누어 주었다. 아이들이 삼삼오오 풀밭에서 풀꽃을 관찰하고 이리저리 옮겨 다녔다. 지금까지 전혀 관심이 없었던 아이들이 흥미롭게 관찰하고 있는 모습이 예뻤다. 1학년 아이들 곁으로 갔더니 담임이 "교장 선생님, 글 주제는 '잡초는 없다'로 하시면 되겠네요? 아이들도 마찬가지잖아요. 교실의 모든 아이가 소중하고 들여다보면 다 이쁘잖아요? 쓸모가 있는 것도 공통점이구요. 그러니 아이들과 잡초를 연결하여 글을 쓰면 좋겠어요." 그 선생님은 문장력이 대단한 분이다. 전에도 내게 글을 쓰라고 여러 번 조언해 주었다.

그 말을 들으니 '나도 쓸모 있을걸'이란 시가 생각났다. 아동문학가 이오덕이 아이들이 쓴 글을 엮은 책 속에 나온 시다. '아이들은 하나하나 모두 소중한 존재이다. 하찮게 여기는 풀꽃이 그러한데 아이들은 더 말해 무엇하겠는가!' 풀꽃 수업을 할 때 이 얘기를 놓친 것이 못내 아쉬웠다. 언제 이런 수업을 할 기회가 또 있으려나!

코로나 롤러코스터

"교장 선생님, 휴일에 전화 오면 불안하시죠?" 보건교사 목소리였다. 평소에 전화를 잘 하지 않는 편인데다, 그 말까지 들으니 불길한 예감이 들었다. 올 2월부터 31번 확진 환자로 인해 대구에 있는 신천지교회를 중심으로 들불처럼 확산된 코로나19. 질병관리본부의 신속한 대응으로 불길이 잡혀 잠잠해졌는가 싶었는데, 엊그제부터 다시 이태원 클럽에서 집단 감염이 발생했다는 뉴스가 연일 보도되었기 때문이다. 특히, 코로나19 확진자가 클럽 다섯 곳을 다녀간 기간에 이용한 사람은 자진 검사를 종용하는 소식이 이어졌다.

이런 민감한 시기에 걸려 온 보건교사의 전화는 불안을 증폭시켰다. 한동안 우리 지역에서는 확진자가 거의 없었기에 이대로 가면 개학을 순조롭게 할 수 있겠구나 싶어 안심하던 참이었다. 그런데 이게 웬 날벼락. 우리 학교 원어민 교사를 포함하여 전남 지역의 원어민 다섯 명이 5월 연휴에 이태원을 다녀왔다는 소식을 듣고 순간적으로 머리가 멍해진다. 확진자가 다녀간 동선과 겹치지 않아 한 가닥 위안 되지만, 아직 마음을 놓을 상황이 아니었다.

얼마 후 그 교사에게 다시 전화가 왔다. 원어민이 확진자와 밀접접촉자는 아니지만 다른 직종과 달리 학교 교직원이 감염되면 학생을 통해 지역사회 감염의 우려가 커진다는 것을 강조하여 검진 요청을 했다는 것이다. 오후 늦은 시각에나마 원어민이 사는 주소지 인근 보건소에서 검진받고 그 결과는 다음날 아침에 나온다고 한다. '양성반응이 나오면 어떻게 하지? 설마…….' 감염병 정국에도 학교에는 긴급돌봄이 진행되고 있다. 이 기간에 나오는 아이들을 대상으로 영어 수업도 진행된다. 이태원을 다녀온 이후에도 영어 수업이 일주일간 진행된 걸 알고 있었기에 더 걱정 되었다. 아이들과 원어민 모두 마스크를 낀 상태에서 수업이 진행되었다지만 안심할 수 없는 노릇이다. 도교육청 지침은 영어 수업을 온라인으로 하라고 했는데 아무리 아이들을 위한 좋은 의도였다 하더라도 잘못되면 자유로울 수 없다. '원어민은 자율 격리를 하도록 했지만, 공부하는 아이들과 가족은 또 어떻게 하지?' 걱정이 꼬리에 꼬리를 물었다. 검진 결과가 나올 때까지는 마음을 놓을 수 없는 상황이다.

일요일에는 '고우회' 친구들과 고흥 팔영산을 가기로 했다. 어렵사리 한 약속을 나 때문에 깨 버리는 것도 미안하지만 가더라도 마음은 천근만근일 듯싶었다. 긴 고민 끝에 가는 걸로 결정했다. 내가 염려한다고 검진 결과가 달라지지도 않을 것이고, 확진자와 동선이 겹친 것도 아니기에 음성이 나올 확률이 높을 것이라는 기대감이 컸다.

일요일 아침, 일행과 광주를 출발하여 팔영산 입구에 도착하니 아홉 시 반이 넘었다. 팔영산은 신비로운 봉우리가 여덟개나 되어 부쳐진 이름이다. 산을 오르는 내내 마음이 무거웠다. 조바심에 두 번째 봉우리를 앞두고 보건 교사에게 전화했으나 신호만 갈 뿐이었다. 회신 전화가 와서 받아보니 검진 결과는 오후 한 시 이후에나 나온다고 한다. 그 시각까지는 얼마 남지 않은 시간인데 길게만 느껴졌다. 드디어 오후 두 시경에 전화가 왔는데 결과는 음성이란다. 천만다행이다. 그러리라 예상은 했으나 '만에 하나'라는 생각 때문에 불안한 마음이어서 그 기쁨은 배가 되었다.

다음날 한결 가벼워진 마음으로 출근했다. 교무실에 들러 교감과 토요일과 일요일에 마음 졸였던 얘기를 경험담처럼 나누었다. 보건교사도 합류했다. 그런데 청천벽력 같은 소식을 전해주었다. 이번에 서울에 같이 간 원어민의 동선을 자세히 알아보았더니 전남에서 올라간 원어민 세 명이 다른 지역의 원어민 두 명을 만나 같이 사흘간 생활했다고 했다. 문제는 두 원어민 중 한 명이 확진자가 다녀간 기간 동안 이태원 클럽에 다녀왔으며 현재 코로나19 검사를 받고 그 결과를 기다리는 중이라는 점이다.

출근할 때의 가벼운 마음은 온데간데없이 사라졌다. 만약 그 원어민이 양성으로 판정되면 우리 학교 원어민은 밀접접촉자가 되기 때문에 14일 동안 자가격리에 들어가고 격리가 끝날 때까지는 안심할 수 없는 노릇이다. 순간 머리가 복잡했다. 우선 긴급 돌봄 기간 중 원어민과 대면접촉을 한 유치원과 초등학교의 아이들을 학교에 나오지 못하도록 각 가정에 전화하여 양해를 구했다. 도교육청의 신속한 지침에 따라 학교 선생님들도 재택근무에 들어가도록 했다. 다행히 오후에는 이태원 클럽에 간 다른 학교 원어민이 음성 판정을 받았다는 소식을 전해 들었다.

학교는 관리자를 비롯한 필수 인원만 근무했다. 자율 격리에 들어간 원어민은 담당 교사가 소통하고 지원해 주었다. 날마다 발열과 이상 유무를 확인하고 필요한 생활용품은 대신 구매하여 원어민이 사는 문 앞에 놓아두었다. 자율 격리 마지막 날까지 혹시나 발열 증세가 있을까 봐 매일 보고를 받으면서도 늘 긴장감이 들었다. 우리 학교 원어민을 비롯하여 이태원을 방문한 다른 학교 원어민들도 모두 음성 판정을 받았다고 한다. 천만다행이다. 한 학교에서라도 양성반응 확진자가 나왔으면 그 파장은 상당히 컸을 것이고, 관리책임도 면하기 어려웠을 것이다.

원어민은 보름간의 자가격리가 끝나고 출근했다. 교무실에 들러 "미안합니다."라는 말과 함께 연신 허리를 구부리고 인사한 후 2층 영어실로 올라간다. 이 모습을 보고 교감과 마주 보고 웃었다. 원어민의 사과가 진정성으로 다가왔다. 본인도 많이 놀라고 괴로웠을 것이다. 그간의 마음고생을 생각하면 밉기 그지없지만 우리말도 못 하고 나라 사정에 어두우니 상황 판단을 잘못했을 것이라 여겨진다. 외국인들이 이태원을 안방을 드나들 듯이 찾는다고 하며 이곳을 다녀온 것이 자랑거리라고 하는데 이번 감염병 확산의 파장을 어찌 예견이나 했겠는가! 이런저런 생각을 하니 연민의 정이 느껴졌다. 본국에서의 가정형편이 넉넉하지 못해 자율 격리 기간에 많이 불안해했다는 소식을 들으니 더욱 짠하다는 생각이 든다.

나라의 보배인 아이들이 생활하는 학교는 그 어느 곳보다 안전한 공간이어야 한다. 몇 년 모은 적금으로 해외여행을 떠나고, 보고 싶은 사람들과 아무 때고 만나 밥과 차를 나눌 수 있는 그 평범한 일상이 얼마나 소중하고 감사한 나날이었는지 다시 깨닫게 된다. 롤러코스터 타듯 온탕과 냉탕을 오가며 가슴을 쓸어내린 이번 일을 교훈 삼아 감염병 확산과 예방에 작은 구멍이라도 생기지 않도록 해야겠다는 생각을 다시금 하게 된다.

어서 그날이 오기를

코로나바이러스가 일상을 빼앗아 간 지 3년째다. 델타에 이어 이제는 오미크론 변이가 대세다. 처음에는 치명률이 높고, 후유증이 심해 모두 두려워했다. 퇴원 후에도 미각이나 후각이 돌아오지 않는다든지, 폐가 손상되어 몇 걸음만 걸어도 숨이 차서 일상생활이 어려운 사람이 있었다. 직장으로 돌아가서도 심한 두통으로 업무 처리에 큰 지장이 있는가 하면, 탈모가 생기거나 피부가 보라색으로 변하는 등 후유증에 시달린다는 신문 기사를 보고 무섭기까지 했다.

이제는 그다지 두려워하지 않는 것 같다. 엊그제 친구들과 보성 바닷가에 갔는데 대중탕 앞에 차가 많이 보였다. 궁금해서 물었더니 처음에는 확진자가 생기면 영업을 제한했지만, 지금은 숫자가 많아도 그렇지 않으며 사람들도 개의치 않고 이용한다고 하여 깜짝 놀랐다. 아직도 사적 모임 최대 인원은 여섯 명인데 얼마나 실효성이 있는지 모르겠다. 확진자 숫자가 너무 많아 역학 조사를 하지 않는다. 아마 확산을 막으려는 상징적인 의미일 것이리라.

그런데도 아직은 친구나 지인을 만나는 것이 조심스럽다. 누가 감염원인지 모를뿐더러 확진되면 7일간 자가 격리를 해야 하는 불편을 겪어야 한다. 면역력에 따라 이상 반응이 다르고, 노약자나 어린이는 위험할 수도 있어서다. 애경사가 생겨도 꼭 가야 할 곳이 아니면 성의만 표시했다. 가족 행사마저 참석 여부를 고민했으니까. 근무하는 곳이 학교라서 더 조심했다. 다수가 이용하는 곳이라 감염 확산이 우려스럽고, 구성원들에게 검사받는 불편을 줄 수 있기 때문이다. 유쾌하지 않은 일로 학부모와 지역 사회에 알려지는 것도 두려웠다.

그런데 최근에 그동안의 노력이 허사가 되었다. 오미크론 바이러스에 감염된 것이다. 2월 하순, '새 학년 집중 준비 기간' 첫날이었다. 학교 도서실에서 새로 전입한 교사를 소개하고, 교육계획을 설명하는 기회가 있었다. 그곳에서 교감이 잔기침하는 것을 본 담당자가 검사를 받아 보도록 권유했다. 오전 일정을 마치고 오후 두 시쯤 집으로 갔다. 진단 키트에서 양성이라며 같이 있었던 모든 직원은 서둘러 코로나 검사를 받으라는 보건교사의 안내문이 올라왔다. 평소에 목이 좋지 않게 보여 설마설마했는 데 당황스러웠다.

서둘러 보건소로 향했다. 직원 몇 명이 대기 줄에 서 있는 것이 보였다. 나는 곧바로 피시알(PCR) 검사를 받았다. 나이 많은 사람을 대접해 주는 것 같았다. 그런 마음도 잠시, 점점 착잡해졌다. '나도 걸렸나? 아니야, 비켜 갔을 거야. 아무 증세가 없잖아.' 하지만 4일 전, 학교 앞에서 마주 보고 점심을 먹은 것이 꺼림직했다. 결과를 기다릴 것도 없이 집에 도착하자마자 큰아들 방을 차지하고 스스로 격리에 들어갔다.

다음날 아침, 일곱 시가 조금 넘어서 전화가 왔다. 양성 반응이 나와 먼저 알려 준단다. '올 것이 왔구나!' 학교에는 최소 인원만 근무하도록 지시하고, 모든 교직원은 피시알(PCR) 검사를 받으면 좋겠다는 보건교사의 의견을 받아들였다. 오후 한 시쯤 교감도 최종 양성 판정을 받았다는 연락이 왔다. 다른 교직원은 무사해야 할 텐데 걱정이었다. 우려와는 달리 새로 전입한 교사 한 명을 제외하고 모두 음성이다. 폭풍이 지나가고 고요가 찾아왔지만 피곤한 시간이었다.

격리하는 동안 체온계, 산소포화도 측정 기구 등이 들어 있는 건강 키트를 보내 주었다. 그것뿐만이 아니다. 라면, 통조림 등 5만 원 상당의 생필품도 받았다. 그리고 날마다 두 군데서 전화가 걸려와 건강에 이상이 없는지 확인하며, 필요하면 동네 약국으로 증상에 따라 처방전도 보내 준다고 하였다. 국가가 국민의 건강을 지키려는 노력을 많이 한다는 생각이 들었다. 아무리 선거 기간이라고 하지만 이렇게 방역과 치료에 노력하는데 어느 후보는 총체적인 실패라고 하니 어이가 없었다.

다행스럽게도 다른 이상 없이 목구멍이 칼칼한 증세만 있었다. 하지만 격리하는 내내 가족 감염을 염려하니까 불편한 점이 한두 가지가 아니었다. 책을 읽고 라디오를 들으며 지내지만 갇혀 있으니 답답하다. 때가 되면 문 앞에 반찬 몇 가지가 들어 있는 배식판과 물컵을 놓아두면 혼자 먹고 내놓는다. 이렇게 뒷바라지하던 아내는 "내가 꼭 식당 아줌마 같아."라며 투덜거렸다. 화장실에 자주 가지 않으려고 물도 많이 먹지 않고, 감염이 두려워서 하고 싶은 말이 있어도 전화로 한다. 거실에서 잠깐 마주쳐도 마스크를 쓴 채로 눈빛만 주고받을 뿐이다. 한 가지 딱 좋은 점이라면 답답한 시간을 이겨내려고 미루어 둔 『노화의 종말』과 『모든 것의 역사』를 읽어 낸 것이었다.

검사한 날을 포함하여 7일 후면 자동으로 격리가 해제된다는 통보가 왔다. 그동안 나 때문에 가족이 곤욕을 치러 미안했다. 아내는 판정 보류로 세 번이나 검사를 받았다. 지인들에게 피해를 줄까 봐 외출은 꿈도 꾸지 않았다. 기간이 지나 해제되었지만 확실하게 감염을 막으려고 스스로 3일 더 가족과 접촉을 피했다. 목요일 저녁, 밥을 먹으며 "아버지, 직장 동료가 가족 감염이 안 된 비결이 뭐냐고 물어요."라며 작은녀석이 웃는다. "화장실에 가면서도 거실에서는 숨도 쉬지 않았어."라며 그동안 조마조마했던 기분을 털어놓으며 혼자 지냈던 얘기를 들려주었다.

확진자가 38만 명을 넘었다. 거의 정점에 도달한 듯하다. 희망이지만 조금씩 내려갈 것으로 예상한다. 완만하게 하향 곡선을 그리다가 어느 시점에 개인 방역으로 전환한다고 선언할 것이다. 유럽이나 미국에서는 이미 의무적으로 마스크 쓰는 것을 해제했다. 프리미어 리그를 즐기는 축구 관중은 이제 거리두기를 하지 않는다. 로마의 대표 관광지 트레비 분수를 찾는 사람들도 일상을 찾은 듯하다. 우리도 코로나 이전으로 돌아가면 전 국민의 몸과 마음에 생기가 돌겠지. 아이들도 이전처럼 체험학습도 자유롭게 하고 해맑은 얼굴로 운동장을 뛰어다닐 것이다. 어서 그날이 오기를 바란다.

남의 것은 똥보다 더러워

오래전 일이다. 50대 중반의 교무부장과 차를 번갈아 운전하며 출퇴근했다. 지금은 폐교가 된 지 꽤 되었지만 그때는 6학급의 산골 벽지학교였다. 한 시간 남짓 같이 오가다 보면 이런저런 학교 일이 화제가 된다. 어느 날 출근길에 귀에 거슬리는 이야기를 들었다. 교장이 학교 돈을 떳떳하지 않게 쓰기에 못마땅하지만 근무 평정 때문에 어쩔 수 없다는 것이다. 그동안 신뢰가 쌓여서 속내를 내비쳐도 괜찮을 것이라고 생각했나 보다. 지금이야 예산을 편성하고 출납하는 부서가 따로 있어 투명하게 관리하지만 그때는 관리자와 관계가 좋고, 입이 무거운 교사에게 서무를 맡겨 다른 사람은 돈이 어떻게 쓰이는지 전혀 몰랐다.

그분은 비밀을 아무에게나 털어놓을 수 없어 그나마 나를 믿고 말했는지 모르지만 절대로 그냥 넘어갈 수는 없었다. 한참이나 열을 내며 있어서는 안 되는 일이라고 했다. 교장뿐만 아니라 서무를 맡은 자신에게도 화살이 돌아오자, "앞으로는 자네한테 말도 제대로 못 하겠네!"라며 불편한 기색이 역력했다. 분위기는 냉랭해지고 대화는 한참 동안이나 끊겼다. 학교에 거의 도착할 무렵 괜히 말했다며 자신을 책망했다.

안 들었으면 몰라도 들은 이상 이 문제를 그냥 못 들은 척할 수는 없었다. 교장은 말이 온화하고 순한 편이었다. 평소에 합리적이고 정직한 분이라 생각해서 실망감이 더 컸는지도 모른다. '이 일을 어찌 해야 하나?' 하루 종일 이 생각뿐이었다. 퇴근하면서도 어색하고 차가운 분위기는 이어졌다. 집에 가서도 고민은 계속되었고 생각이 깊어지자 잠도 오지 않았다. 내가 직접 본 일도 아니기에 얼굴을 보고 따질 수는 없는 노릇이라 편지를 써서 불편하고 끓어오르는 마음을 전하기로 했다.

'어릴 적 우리 부모님은 남의 것은 똥보다 더럽다고 귀에 못이 박히도록 말씀하셨습니다. 방에 돈을 놓아두어도 백 원짜리 한 장 비지 않는다고 칭찬하며 정직을 강조하셨지요. 교직에 첫발을 들이자, 공직자의 첫 번째 덕목은 부정한 돈을 멀리하는 것이라 하셨습니다. 그래서 지금껏 촌지라는 것도 모르고 지냈습니다. 저는 부모님의 가르침대로 부끄러움 없이 살아가려고 노력하고 있습니다. 그런데 오늘 아침 출근길에 제 귀를 의심할 만한 이야기를 듣고 몹시 당황스러웠습니다. 어떻게 해야 할지 하루 종일 고민했습니다. 도저히 그냥 지나칠 수 없는 일이기에 이렇게 편지로 대신 제 마음을 전합니다. 교장 선생님께서는…… . 어떻게 그럴 수 있습니까?'

꽤 오래 보관하다가 없애버려서 자세히 기억나진 않지만 대충 이런 내용이었다. 찢어 버리고 다시 쓰기를 반복하다 보니 시간이 많이 흘렀다. 잠을 거의 자지 못했다. 다음날 출근하자마자 교장실 책상 위에 쓴 글을 놓아두었다. 수업이 끝나고 아이들을 돌려보낸 후 본관 건물과 숙직실 사이에서 차를 닦고 있는데 좀 보자고 하여 교장실로 갔다.

편지를 읽고 너무나 괴롭다는 말로 말문을 열었다. 그도 그럴 것이 이제 교직 8년 남짓 된 젊은 교사에게 훈계를 들었으니 자존심도 상하고 힘들었을 것이다. 다른 관리자에 비하면 자신은 별것 아니라는 말로 변명을 하며 앞으로는 그런 일이 없을 것이라며 편지를 돌려주었다. 이후에 학교 돈이 어떻게 돌아가는지 모르지만 아마 부정하게 쓰지는 않았으리라. 예전과 달리 지금은 교직원이 협의하여 예산을 계획하고 집행하기에 합리적이다. 더더욱 '회계 관리 시스템'으로 처리하기에 투명하다.

최근 공직자의 비리와 불공정한 뉴스가 끊이질 않는다. 엘에이치(LH) 직원들이 개발 정보를 이용하여 부동산 투기를 하고 막대한 이득을 얻었다는 소식에 이어, 이름도 생소한 관평원(관세평가분류원을 줄여서 부름)의 직원들이 청사 이전을 구실로 '공무원 특별 공급' 아파트를 분양받아 많은 차익을 남겼다고 한다. 이들은 세종시에 청사가 지어진 지 1년 반이 넘도록 옮기지 않고 있다. 아니 처음부터 갈 생각조차 없었다고 한다. 160억 원의 세금만 낭비한 꼴이라고 하니 기가 막

힐 노릇이다. 이런데도 누구 하나 책임지는 사람이 없다. 염불보다는 잿밥에 관심이 있었던 것으로 의심받아 충분하다. 이런 사람들이 공복이라니 고양이에게 생선을 맡긴 꼴이다.

어디 이뿐인가? 힘 있는 조직의 고위직 공무원은 거액을 받고 재취업한다. 이른바 '전관예우'의 특혜를 받는다. 해당 분야의 전문 지식이 있어 자문 역할도 하겠지만 그동안 쌓아 온 인맥을 활용하여 사건을 쉽게 해결하려는 것이다. 그렇지 않다면 보통 사람은 상상도 할 수 없는 큰돈을 거저 줄 리는 없지 않겠는가! 고위직 공무원을 지냈으면 웬만큼 잘 살 것이다. 퇴직 후 꼭 특혜를 받고 재취직해야 하는지는 모르지만 그다지 훌륭하게 보이지 않는다.

최근 텔레비전에서 신선한 소식을 들었다. 헌법 재판관으로 지냈던 분인데 황무지나 다름없는 땅을 사서 퇴직 후에 정원을 아름답게 만들며 지내고 있었다. 연못을 파고 주변에 꽃을 심었다. 또, 산에 나무를 심고 잘 가꾸고 있었다. 여기저기서 오라는 유혹이 있었으나 모두 뿌리쳤다고 한다. 짧은 기간 동안 많은 돈을 손에 쥘 수 있을 텐데 쉽지 않은 선택이었을 것이다. 그런 분이었기에 더 귀하고 특별하게 느껴졌다. 많은 가르침을 주었던 그분의 선한 인상이 아직도 짙게 남아 있다. 세상에는 이런 분들이 많이 있는데도 내가 보고 들은 것이 적어서 이러는 것일까?

달과 노닐다

"보름달 아직 못 보았습니까? 붉은빛을 띤 아주 크고 둥근 달이 떠오르네요. 그곳에 근무할 때 명교리 바닷가 벤치에 앉아 바다에 빠진 달을 본 추억이 떠오릅니다……." 감성이 풍부한 교감 선생님이 조금은 들뜬 목소리로 알려온 달 소식이다. 그분은 얼마 전, 순천 가까운 곳으로 전근 갔지만 이곳이 초임지라 아직 마음까지는 가지 않은 모양이다.

기대에 찬 마음으로 운동장에 나가보았으나 달은 보이지 않았다. 이리저리 자세히 찾아보니 동쪽 마을 앞쪽의 산등성이 나무 사이에 둥근 형태의 달이 흐릿하게 보인다. 아직 고개를 내밀기 전이다. 관사로 돌아와 운동복으로 갈아 입고 다시 운동장으로 나갔다. 그사이 보름달이 동쪽 마을 위로 덩그러니 떠오르고 있었다. 크고 환한 보름달이다. 옅은 구름이 낀 날 어슴푸레하게 일출을 보고 있는 착각이 든다. '달도 동쪽에서 뜨는구나!' 새삼스럽다. 초등학교 2학년 교과서에서도 나오는 내용을 잊고 지냈다는 생각에 웃음이 나온다.

운동장을 서너 바퀴 도는 사이 어느새 달이 형태를 갖추었다. 산 위에 자리 잡고는 그 환하고 밝은 빛을 마음껏 발산하고 있다. 학교 울타리 안 관사에 사는지라 어떤 날은 달빛이 없는 줄도 모르고 혼자 운동하러 나왔다가 오싹한 기분이 들기도 한다. '까짓 남자가 이러면 안 되지…….' 하면서도 움츠러드는 것이 사실이다. 가로등 하나, 주변에 인가도 없는 깜깜한 운동장은 별이 뜨는 밤이면 혼자 보기 아까운 황홀한 우주쇼가 펼쳐지지만, 또 어떤 날은 숨 막히는 적막과 고요에 휩싸일 때도 있다.

그에 비해 오늘은 달이 이처럼 밝으니 고맙다는 생각이 든다. 교문에서 학교 본관으로 이어지는 길 동쪽 가장자리에 일렬로 서 있는 키 큰 소나무들의 달그림자가 길게 드리워져 있다. 화단을 따라 운동장을 돌면 달이 내 등 뒤에 있다가 동쪽 운동장 가장자리에 자리 잡은 소나무 위를 따라 내가 움직이는 방향으로 따라온다. 다시 내가 방향을 바꾸어 걸어가면 아래쪽으로 서서히 내려와 소나무 숲으로 숨는다. 걷는 방향에 따라 소나무 사이사이로 따라온다. 신기한 노릇이 아닐 수 없다. 달과 숨바꼭질하며 놀고 있는 느낌이다. 운동장을 여러 바퀴 도는 동안 달은 조금씩 높아져 간다. 흥미가 식을 때쯤 관사로 발걸음을 옮겼다.

방에 들어와 달력을 보니 음력 9월 17일이다. 이상하다. '아니 보름이 이틀이나 지났는데 왜 보름달만큼 크고 둥글지?' 뉴스를 들어보니 그 이유를 알 만하다. 1년 중 바닷물의 높이가 가장 높아지는 음력 7월 보름 전후를 백중사리라고 하는데 오늘과 내일 우리나라 해안에서는 해수면 높이가 최대가 된다고 한다. 평소보다 바닷물의 높이가 40cm 이상 높아질 수 있으니 해안가의 저지대에 사는 사람들은 침수 피해에 대비해야 한단다. 지구와 달이 가까워지고 태양과 지구, 달이 일직선이 되어서 태양과 달이 지구를 끌어당기는 힘이 가장 크게 작용하기 때문에 해수면이 더욱 높아진다는 설명이 이어진다. '그래 이유가 있었구나! 다른 때보다 달이 지구와 가까워 유달리 크고 둥글게 보였어.'

날씨가 궂으면 짚신 장수 아들이 걱정되고 날씨가 맑으면 우산 장수 아들을 걱정했다는 옛이야기 속의 어머니 생각이 난다. 오늘따라 크고 둥근 달을 보며 달과 운동장에서 한참 동안 노닐었는데 침수를 걱정해야 하는 사람들이 있다니 그분들에게 조금 미안한 생각이 든다. 그래도 오늘, 달 소식을 전해준 그분이 고맙다.

종이컵의 위력

“당신은 종이컵 집착증이야!” 물건 여기저기서 눈에 띄어 아내가 가끔 나에게 했던 잔소리다. 평소 가지고 다니는 서류 가방은 물론, 때로는 여행용 가방에서도, 심지어 양복주머니에서도 발견된단다. 처음에는 쓰고 난 후 당연하다는 생각으로 자연스럽게 집으로 가져왔지만, 핀잔을 몇 번 듣다 보니 눈치가 보였다. 그래서 몰래 살며시 가져다 놓는다. 남의 눈을 의식하거나 여의치 않으면 접어서 가져오기도 한다.

한 번은 양복 주머니에 손을 넣었더니 접어서 넣은 종이컵이 그대로 있었다. 촉감이 이상하여 꺼내 보았더니 주머니가 젖어 있었다. 완전히 마셨다고 생각했는데 커피가 새어 나왔던 것이다. 다행히 세탁할 정도는 아니었다. 접어서 가져온 것을 다시 사용하려고 하면 모양이 쭈글쭈글하여 보기 싫다. 또 물이 새서 사용할 수가 없기에 지금은 그러지 않는다.

하여튼 물 한 모금 마시고 그냥 버리기에는 아까운 생각이 든다. 그래서 우리 집에는 이래저래 모아둔 종이컵이 꽤 여러 개 있다. 학교 관사, 주말 주택으로 사용하는 시골집, 승용차 컵홀더에도.

아내는 이렇게 모아두어도 별 쓸모가 없을 것이라고 여기지만, 그렇지 않다. 가끔 위력을 발휘한다. 차에 있는 것은 고속도로 휴게소에서 이를 닦을 때 쓴다. 강아지와 외출하면 물그릇으로도 사용한다. 시골집에서는 더 유용하다. 씨앗을 분류해 놓는 데에도, 집 안으로 들어온 쥐며느리, 거미, 귀뚜라미 등 곤충을 상처 없이 밖으로 내보내는 데에는 그만한 도구가 없다.

아내는 곤충이 집 안으로 들어오면 징그럽다고 크게 부른다. 내가 해결사다. 이럴 때마다 의기양양하게 종이컵이 최고라면서 놈들을 가볍게 포획하여 밖으로 내보낸다. 이런 일이 몇 번 있고 나서는 다소 호의적으로 변했다. 그 위력(?)을 알기 때문이다. 그렇다고 아내마저 가지고 오는 것은 아니다.

쓰고 난 종이컵은 분리수거할 수 없다. 종이 원지에 폴리에틸렌(PE)이라는 합성수지를 코팅하여 만들기에 쓰레기로 버려야 한다. 안 쓰는 것이 상책이다. 건강을 지키는 일이기도 하다. 최근에 안 사실이지만 뜨거운 물을 담아 전자현미경과 레이저 입자 계수기로 살펴본 결과 초미세 플라스틱이 엄청나게 많이 녹아 나온다고 한다. 어마어마한 수치다. 미지근한 물에서도 마찬가지였다고 한다.

우리가 이러저러한 경로로 섭취하는 미세 플라스틱 양은 매주 신용카드 한 장 분량이라니 충격이 아닐 수 없다. 플라스틱병에 담긴 물이나 수돗물이 대표적인 섭취 경로이며 조개류와 소금 등에서도 많은 양의 미세 플라스틱이 발견된다고 한다. 연안의 바다가 오염되었다는 뜻이다. 생태계의 먹이 사슬을 생각하면 깊은 바다 생물도 안전할 리 없다.

가끔 이런 생각이 든다. 현대인은 태어나는 순간부터 무덤에 갈 때까지 자연과 지구에 무한한 해를 끼친다고. 예전에는 아이를 키울 때 쓰는 기저귀를 천으로 만들어 재활용했다. 지금은 일회용품을 사용하며 모두 쓰레기로 버린다. 수돗물, 전자제품, 가스, 옷, 종이 등 생활하면서 사용하는 대부분이 전기 에너지를 활용해서 얻어지는 것이다. 날마다 버리는 쓰레기의 양은 어떤가! 죽으면 화장(火葬)을 할 수밖에 없지만, 저승으로 가면서도 지구에 탄소를 많이 남기고 간다.

더위가 성큼 찾아왔다. 올여름은 폭염이 예상되어 전력 수요가 크게 늘어날 전망이란다. 화석연료의 사용으로 발생한 이산화탄소가 온실효과를 내기 때문에 빙하가 녹아 해수면이 높아져 많은 국가가 위협받고 있다. 아프리카는 점점 사막화되어 굶주리는 사람이 더 많아진다고 한다. 지구 곳곳이 산불, 홍수, 태풍 등 자연재해로 피해지역도 늘어난다. 환경과학자들은 지구를 구할 수 있는 시간이 많지 않다고 한다. 이미 늦었단다. 큰일이다. 마치 인류가 브레이크 없는 열차를 타고 환경오염의 극한 상황으로 내달리는 것 같다.

우리 국민의 연간 사용량이 너무 많아 줄이자는 취지로 당초 6월 10일부터 시행하려던 일회용 컵 보증금 제도를 6개월 유예 기간을 둔다고 한다. 업계의 반발이 커서다. 나 한 사람 종이컵을 아끼고 재활용하려고 노력해서 달라지는 건 없지만 자연과 지구에 해를 덜 끼치며 생활하고 싶다. 더운 여름에도 에어컨을 함부로 켜지 않는 것도, 채식 위주의 식단을 좋아하는 이유도 이 때문이다.

세상 거꾸로 보기

우리 집 서재에는 법정 스님의 책이 20여 권 가까이 있다. 『홀로 사는 즐거움』, 『산방 한담』, 『맑고 향기롭게』, 『새들이 떠나간 숲은 적막하다』 등 제목만 보아도 그분의 향기가 나는 것 같아 눈길이 자주 간다. 물론 생전에 직접 뵌 적은 없다. 책을 읽으면서 좋아하게 되었다. 존경하는 어른이었다. 불필요한 것을 갖지 않으려는 무소유 정신, 헛된 욕심을 경계하는 맑은 품성, 자연과 하나가 되려는 순수한 마음, 끊임없이 수행에 정진하는 종교인의 자세 등등. 예전에는 새로 나온 책이 없는지 찾아보고, 한 권 한 권 사 모으는 재미가 있었는데 지금은 그럴 수 없어 아쉽다.

송광사 불일암에서 생활하던 스님은 찾는 사람이 많아 수행에 방해를 받자 강원도 두메산골로 홀연히 떠나 화전민이 버리고 간 오두막에서 17년 동안 지냈다. 힘겨운 생활을 마다하지 않는다. 수행의 한 과정으로 생각해서다. 추운 겨울에는 계곡의 얼음장을 깨서 물을 길어다 밥을 짓고, 장마철에는 아궁이의 구들을 고쳐 눅눅해진 방으로 연기가 새어 들어오지 못하게 한다. 노루나 토끼가 텃밭에 찾아오는 것을 반기며, 밀화부리나 휘파람새 소리를 들으려 숲을 찾는다. 책을 읽고, 차를 즐겨 마시며 자연을 벗 삼아 생활하는 모습이 한 폭의 수채화 같다. 그분의 많은 부분을 본받고 싶었다.

한번은 책을 읽다가 한참이나 웃었다. 어느 여름날 빨래하고 피곤해서 팔베개하고 누웠다가 돌아누웠더니 산이 달리 보였다. 신기하기에 이번에는 아예 일어나서 허리를 굽혀 가랑이 사이로 앞산을 보았더니 하늘은 호수, 산은 호수에 잠긴 그림자가 되었다. 누가 지켜보았으면 미친 중으로 여겼을 것이다. 이 희한한 광경을 혼자서만 즐길 수 없어 노스님이건, 어린 사미승이건, 신사이건, 숙녀이건 할 것 없이 그들 앞에서 숙달된 조교처럼 앞산을 거꾸로 내다보는 동작을 해 보였다. 그러면 그들도 천진한 어린이가 되어 좋아라 했다.(법정, 「거꾸로 보기」, 『산방한담』, 샘터, 2004, 16-18쪽.)

오두막을 찾는 사람들 앞에서 시범을 보인 장면을 상상하면 지금도 우습기는 마찬가지다. '고매한 분이 어떻게 그럴 수 있지?' 글을 읽고 궁금해서 마을 뒷산에 올라 나도 법정 스님처럼 시내를 내다본 적이 있다. 몇 번을 확인했지만 서서 볼 때와는 분명히 다르다. 하늘과 산 능선이 맞닿은 곳이 더 가깝고 선명하다. 옆으로 길게 펴진 경치가 한눈에 들어온다. 지금도 가끔 산에 올라 주변에 아무도 없을 때는 거꾸로 시가지를 내다본다. 누가 점잖지 못하다고 할까 봐 조심스럽기는 하다. 그렇지만 그럴 때마다 법정 스님이 떠올라 배시시 웃음이 나온다.

요즘 텔레비전을 켜면 습관적으로 뉴스를 본다. 나이가 들어서인지 재미있는 프로그램도 없다. 뉴스는 세상 돌아가는 흐름을 알 수 있으며, 내 생활과 밀접하게 관련되어 있어서 자주 보지만 미담이나 긍정적인 면보다는 부정적인 면을 많이 다룬다. 요즈음은 더 그런 것 같다. 듣고 있으면 거북하고, 걱정스럽고, 염려스럽기도 한다. 너무 소음 같은 소식이 많기에 거름 장치가 필요하다. 이럴 때 법정 스님이 강원도 두메산골에서 생활하며 앞산 풍경을 거꾸로 보았던 것처럼 평소와 다르게 살아 보는 것이 하나의 방안이 될 것 같다. 예를 들면 하루 중 스마트 폰을 저녁 시간에만 잠깐 확인한다는지, 일주일 동안 텔레비전과 신문, 라디오 없이 생활해 보는 것이다. 세상의 소음에서 잠깐이라도 비켜나 있으면 마음의 뜰에 고요와 평안이 깃들 것이다. 그분의 향기가 많이 그리워진다. 조만간에 불일암에라도 다녀와야겠다.

인간 기생충

재작년 봉준호의 〈기생충〉이 칸 국제영화제에서 우리나라 영화 역사에서 최초로 황금종려상, 아카데미 시상식에서도 각본상, 국제영화상, 감독상, 작품상을 받았다는 소식을 듣고, 국가의 위상이 높아진 것 같아 내 일처럼 즐거웠다.

영화의 줄거리는 단순하다. 반지하에서 피자 상자를 접으며 근근이 생활하던 가족에게 가난에서 탈출할 기회가 찾아온다. 아들이 친구의 소개로 젊은 부부의 집에 수학 과외 교사로 들어가서 차차 여동생은 영어 교사, 아버지는 운전기사, 엄마는 가정부로 끌어들여 그 집에서 기생하며 살아간다. 이전의 가정부 남편도 지하에서 몰래 살고 있었는데, 이를 알게 된 두 가족 사이에 다툼이 일어나 가정부가 죽는 일이 생기고, 그녀의 남편이 복수하는 걸로 끝난다.

가상의 이야기이지만, 우리 사회에는 〈기생충〉에 나오는 가족처럼 남에게 기대어 피해를 주며 사는 사람들이 있다. 고금리의 사채업자나 폭력 공갈범이 그렇고, 선량한 서민의 피를 빨아먹는 보이스 피싱도 마찬가지다.

며칠 전에 아내로부터 황당한 소식을 들었다. 나도 잘 알고 있는 아내의 지인이 보이스 피싱으로 큰 고통을 받고 있다는 것이다. 몇 개월 전에 동산은행(가칭)에서 돈을 빌려 쓰다가 이자가 더 싼 한강은행(가칭)으로 갈아타려는 과정에서 벌어진 일이다.

대출 담당자의 말대로 스마트폰에서 양식의 내용을 완성하고 제출 버튼을 눌러 끝난 줄로 알았는데, '대출 신청에 실패하였습니다.'라는 문자 메시지가 지워도 여러 번 나타났다고 한다. 한강은행 담당자와 전화, 카톡으로 이러저러한 얘기를 나누었던 터라 필요한 서류를 준비하여 다음날 은행에 가면 될 것으로 알았다. 그런데 저녁에 '깜빡했습니다. 신분증과 통장 사본이 필요합니다.'라는 문자가 와서 의심 없이 보낸 것이 화근이었다.

다음 날 준비를 마치고 은행으로 가려는데 미심쩍은 전화를 받았다. "한강은행에서 대출 신청을 했어요? 왜 우리 은행에서 빌려 간 돈을 3개월밖에 안 쓰고 갚으려고 해요. 고객님은 금융법 위반이므로 오후 3시까지 현금으로 갚으세요."라고 해서 이상한 생각이 들었지만 은행끼리 정보를 주고받은 줄로 그녀는 이해했다.

옆에서 지켜보던 지인들이 은행에서 그런 요구를 할 리가 없다고 했지만, 상관하지 말라며 오히려 짜증을 냈다고 한다. 그렇지만 아무래도 이상하다 싶어 동산은행의 대표 전화로 물었더니 "무슨 일을 그따위로 하느냐?"며 버럭 화를 내는 남자의 목소리가 들려 "내가 돈을 갚는다는데 성질은 왜 내느냐?”고 했더니 죄송하다며 3시까지는 꼭 현금으로 갚아야 한다며 거듭 말하더란다.

법률사무소에 근무하는 딸의 조언대로 동산은행에 가서 확인해 보니 그녀와 통화 내역이 없다고 하며, 보이스 피싱이 의심된다고 하더란다. 그렇지 않아도 자신이 이곳으로 오는 동안 검은색 승용차가 계속 뒤따르는 것도 이상하다 싶었는데, 이들과 한통속이라는 확신이 들었다. 현금을 찾으면 가로채려는 속셈이었을 것이다.

집에서 유선으로 한강은행에 전화했더니 예상대로 신분증과 통장 사본을 요구한 일이 없다고 하며 보이스 피싱이 의심된다고 하더란다. 대출 관련 서류를 이미 보내 버려서 피해를 최소화하는 게 급선무였다. 황급히 본인의 은행 계좌에 있던 돈을 지인의 통장으로 계좌 이체했는데, 문제는 40여 개의 제1금융기관의 대출 신청을 막는 일이었다.

다음날 경찰서에 신고하고, 신분증을 갱신했다. 혹시라도 신분증과 통장 사본을 이용해서 대출을 할 수도 있어서다. 이미 하루 반이 지난 일이라 그동안에 일어난 일은 경찰에서도 어찌할 수 없단다. 한 번 이런 일이 벌어지면 앞으로 2년 동안은 모든 은행권과 신용거래를 할 수도 없고, 돈을 찾고 보내려면 은행에 직접 가야 한다니 불편하기 짝이 없는 노릇이다.

스마트폰 서비스 센터에 갔더니 3개월 전에 동영상이나 전자메일로 바이러스가 침투해 있었다고 한다. 메시지는 물론 주고받는 개인정보를 자신의 휴대폰처럼 훤히 들여다보고 있다가 그녀가 대출받으려고 하자 교묘하게 접근한 것이다. 이 일로 얼마나 고민했던지 그녀의 얼굴은 반쪽이 되었다. 제1금융권의 대출은 막았으나, 캐피탈 같은 제2금융권에서 언제 원리금 통지서가 날아들지 불안하기 때문이다.

평소 주변 사람들에게 꽤 똑똑하다는 평을 듣던 그녀도 보이스 피싱으로 큰 피해를 당할 뻔했다. 스마트폰에 바이러스가 숨어들어 정보가 새 나가는지 전혀 눈치를 채지 못했다. 모르는 사람에게서 온 메일이나 수상한 동영상을 열어보지 않아야 한다는 것을 상식으로 알고 있으나 '설마, 나는 아니겠지.'라고 방심하는 사이 기생충처럼 스며들어 피해를 준다. 이미 내 핸드폰에도 바이러스가 침투해 있을지도 모른다고 생각하니 두려워진다.

손 안의 컴퓨터로 정보를 찾고, 관계를 맺고, 음악을 듣는 등 이제 휴대폰 없는 세상은 상상할 수도 없을 만큼 생활의 일부분이 되었다. 잘 사용하면 약이지만 그렇지 않으면 어떤 것보다 해악이 크다. 다른 사람의 피를 빨아먹는 기생충 같은 인간들에게 강력한 처벌이 뒤따라야겠지만, 스마트폰을 이용할 때는 늘 주의를 기울이는 습관을 들여야겠다.

순간순간 깨어 있어야

늘 궁핍한 살림(?)이라 통장에 잔고를 확인하다 오늘이 17일 월급날인 것을 알았다. 아! 정신을 어디에 두고 다니는지 스스로가 한심하다는 생각이 든다. 아파트 주차장에서 주차해 둔 자동차를 찾기 위해 가끔 헤매기도 하고, 집이나 사무실, 음식점에서 핸드폰이나 시계를 놓아두고 이리저리 찾을 때도 많다. 어떤 때는 핸드폰의 행방을 찾으려고 집 전화로 내 전화번호를 눌러 가방이나 주머니 속에서 찾는 경우 쓴웃음이 나온다. 오늘이 몇 월 며칠인지 날짜 감각도 둔하다. 달력을 보고 날짜를 확인하는 경우가 많으니 한심할 노릇이다. 물론 그렇게 된 것은 기억력이 떨어진 이유도 있겠으나 기억하지 않아도 바로 확인 가능한 손전화가 있기 때문이기도 하다. 기계 의존증이 그만큼 커졌다는 증거다. 무엇보다 절박함이 없이 느슨하게 생활하는 이유가 가장 크지 않을까?!

요즘 교장으로서 나의 일과를 돌이켜 보면 결재와 인터넷 검색 그리고 문자 주고받기와 가끔 걸려 오는 전화, 신문을 훑어보고 차 마시는 일이다. 하루 종일 무얼 했나 생각해 보면 크게 한 일도 없다. 출근 후 교장실에 앉아 컴퓨터로 결재하고 뉴스나 인물검색 몇 번 하면 점심시간이 되고 퇴근 시간이 다가오기 일쑤다. 물론 결재 건수는 굉장히 많다. 교감 시절에는 공문 결재하랴, 업무 처리하랴, 선생님들과 대면하랴 그야말로 눈코 뜰 새가 없었다. 업무와 공문에 치이다 보면 심지어 화장실에 갈 틈도 없을 정도였다. 오죽해야 자조적인 말로 교직의 3디(D)업종 중에서 교감 업무가 포함된다고 했겠는가!

"교감 업무에 충실하다 보면 허리가 굵어지고 약해지네." 경력이 많은 선배의 말이다. 맞는 말이다. 해야 할 일이 많고 업무에 몰입하다 보면 움직임이 적고, 운동량이 적어 허리가 굵어지고 약해질 수밖에.

교감과 달리 교장은 비교적 여유가 있다. 우선 결재만 하지 실무에서는 비켜나 있기 때문이다. 보결 수업도 거의 들어가지 않는다. 교무실은 여러 사람이 수시로 드나드는 곳인 반면, 교장실에는 특별한 경우를 제외하고는 드나드는 교직원도 적다. 교무실에는 공문과 관련하여 전화 통화할 일이 많은데 교장실은 외부에서 걸려오는 전화도 적다. 그래서 교무실에서는 중요한 일에 그만큼 집중하기가 어려운 것이 사실이다. 교감 시절을 생각해 보면 읽고 싶은 책을 읽거나 글을 쓰는 일에 어지간해서는 엄두를 내지 못했다. 이에 비하면 교장실은 혼자서 집무실을 사용하니 상대적으로 집중하기가 쉽다. 물론 교장도 결재할 일도 많고, 리더십을 발휘해야 하며 늘 교육력 향상을 고민해야 한다. 그뿐만 아니라 학생의 안전과 시설 보완에 관심을 가져야 하며 어떤 사안이 발생하면 책임을 져야 하기에 머리가 무겁고 신경 쓸 일이 많다. 외부에서 생각하는 만큼 쉬운 직책은 아니다. 그렇지만 교사나 교감보다는 여유가 있는 것 또한 사실이다. 그런데도 교장이 되어 지금껏 교장실에서 글 한 편 변변하게 쓰지 못했다. 이는 나의 업무 습관 나아가 생활습관에 문제가 있다.

"요즘 변변한 글 한 편 쓰지 못 합니다."라는 내 얘기를 듣던 지인이 조언해 주었다. 직장 일로 가족과 멀리 떨어져 어쩔 수 없이 홀로 살 때는 저녁에 글 쓰는 시간을 충분히 낼 수 있지만, 출퇴근이 가능한 환경에서는 홀로 살 때처럼 지내면 결코 자신의 시간을 온전히 가질 수가 없으므로 일과 중에 글을 쓰거나 책 읽기 등 생산적으로 시간을 활용하면 어떻겠냐는 것이다. 결재는 즉시즉시 할 것이 아니라 시간을 정해 놓는 것도 한 방법이란다. 직원들과의 대면도 급한 일을 제외하곤 확보한 시간대를 피하면 좋겠노라고 교직원들에게 미리 이해를 구하면 공감할 것이란다.

'그래 맞는 말이야, 앞으로는 업무시간을 보다 효율적으로 활용하자. 틈틈이 글도 쓰고, 책도 읽으면 좋겠지.'

법정 스님은 "순간순간 깨어 있으라!"라고 했다. 이는 지금 내가 하고 있는 일을 늘 의식하고 새롭게 알아차리라는 말씀이 아니겠는가! 요즘 느슨하게 생활하는 나를 두고 하는 말 같기도 하다. 필요하지 않은 일에 인생을 낭비하는 내게 등 뒤에서 호통 소리와 함께 내리치는 죽비가 아닐까 싶다. 이렇게 느슨한 생활로 그저 허송세월을 보내면 내 인생의 종착역은 무엇으로 채워질지 두렵다. '흘러간 시간은 결코 돌아오지 않는다.'라는 격언을 명심 또 명심하자.

민재야, 미안해

최근 난독증 공부를 하고 있다. 전임지에서 학습부진아가 많았는데 그 원인이 글 읽기의 유창성과 관련이 많다고 생각하던 차에 『학교 속의 문맹자』를 읽게 되었다. 얼마 지나지 않아 저자인 청주교육대학교 엄훈 교수와 연결이 되었고, 어렵사리 본교 선생님을 포함한 관내 희망 교사들과 함께 '그림책을 활용한 읽기 부진아 문해력 향상' 기초과정 연수를 받게 되었다. 내친김에 토요일을 활용하여 심화 과정까지 공부하게 되었다. 지금은 연수 받았던 전임지 교사 중심으로 '읽기 더딤아 개별화 교육 연구회'라는 동아리를 만들어 여덟 명이 함께 공부도 하고 팀을 이루어 강의도 나간다.

작년 2학기에 근무지를 옮겼는데 이곳 역시 학습부진아가 많아 아이들의 기초학력도 높이고, 선생님들의 문해력 지도 역량도 키울 수 있도록 연수를 추진했다. 진행하던 중에 우리 학교 선생님으로부터 난독증 질문을 받았다. 그분은 이미 공부한 것 같았다. 질문을 받은 강사와 보조역할을 자임했던 내가 정작 준비되어 있지 않아 명확하게 대답하지 못했다. 난독증이 있는 아이는 해독하는 데 어려움을 겪는다. 이것이 학습 부진의 원인이 되기 때문에 이 공부가 필요할 것 같았다. 그래서 그 선생님에게 좋은 책을 추천해 달라고 했더니 관련 자료와 『난독증의 진단과 치료』라는 책을 빌려 주었다.

이 책을 읽으면서 29년 전 당시 5학년 제자였던 민재라는 아이가 자꾸 머릿속을 맴돌았다. 그 아이는 5학년인데도 글자를 전혀 읽지 못했다. 문장제는 풀지 못했지만 기초 계산능력은 있었으며, 운동도 잘했다. 민재를 맡기 전에 누나를 가르쳤는데 공부를 제일 잘했다. 그런데 민재는 공부 시간에 한 글자도 읽지를 못 했다. 그래서 오후에 남겨 글자를 가르쳤다. 너무 오래전 일이라 어떻게 가르쳤는지 기억은 나지 않지만 아마도 자음과 모음, '가나다라'를 가르쳤을 것이다. 또한, 국어책을 따라 읽으라고 했을 것이다. 열심히 가르쳐 글자를 깨우치게 하고 싶은 내 의지는 그리 오래가지 못했다. 처음에는 열심히 했으나 연구학교 협의와 잦은 직원체육으로 빠지는 날이 많다 보니 초심은 어디에 가고 용두사미가 되고 말았다.

교직 경력이 34년째인 지금까지 한글을 못 깨우쳐 보낸 아이는 민재뿐이다. 그 당시 학교 상황이 못내 아쉽기도 하지만, 민재에게 죄를 진 것만 같아 늘 미안한 마음 가득했다. 지금 생각해 보니 민재는 전형적인 난독증 아이였다. 설령 학교 상황이 좋아 내가 알고 있는 방법으로 민재를 계속 지도했으면 민재가 한글을 깨우쳤을까? 아마도 열심히 가르치다 어느 시점에서 한계를 느끼고 자괴감과 함께 아이 탓을 했을 것이다. 민재를 담임했던 선생님들도 처음에는 열의를 가지고 가르쳤지만 진전이 없자 포기한 것이 틀림없다. 민재에게 글자는 풀 수 없는 암호였던 것이다.

난독증은 정상 지능을 가지고 있지만 읽고 쓰는 데 어려움을 나타내는 증상을 말한다. 정상 지능을 가진 7·80% 아이들은 큰 어려움 없이 한글을 배우지만 난독증 아이들은 뇌 회로의 결함으로 글자를 소리로 바꾸는 능력 즉, 음운인식 능력이 부족하여 글을 배우는 데 어려움을 겪는다. 그 당시 글을 읽지 못하면 대체로 이전 학년 담임의 책임감이나 아이의 지능지수 탓을 많이 했다. 아니면 나처럼 상황을 탓했던지. 난독증 공부를 하며 그동안 마음에 짐과 빚으로 남겨둔 5학년 민재를 29년 전 상황을 상상하며 한글을 가르쳐 본다.

우선 지금까지 글을 몰라 낮아질 대로 낮아진 민재의 자존감을 키우기 위해 자신감과 공부하고자 하는 마음을 갖게 했다.

"네가 글을 못 읽는 것은 네 탓이 아니야, 부끄러워할 일도 아니고. '기역' '니은' '디읃' '리을' 이런 자음의 이름을 알고, 이런 글자들이 각각 어떤 소리가 나는지 그리고 '아' '야' '어' '여' 이런 모음을 배운 후, 자음과 모음을 합하면 어떤 소리가 나는지만 알면 세상의 모든 글자를 읽을 수 있어. 세계적인 천재들 중에 난독증을 가진 사람들이 많단다. 레오나드로 다빈치, 아인슈타인, 윈스턴 처칠, 피카소 등이야. 난독증을 가진 사람들은 글을 읽는 데 어려움을 느끼지만 장점이 많단다. 호기심이 많고 상상력이 풍부하며 보통 사람이 어려워하는 문제도 직관으로 알아내기도 하지. 그래서 빼어난 창의성을 발휘한단다. 난독증을 가진 사람은 모두 천재와 같은 방식으로 사고를 해. 아마 너도 천재성을 가지고 있을 거야. 어때 같이 공부해 볼까?"

날마다 민재와 오후에 한 시간씩 공부한다. 아주 쉬운 그림책을 가지고 상호작용하며 책에 나온 글자가 몇 음절로 되어 있는지 손뼉치기로 알아본다. 낱말이 몇 개의 음절로 되어 있다는 것을 알게 한 후, 자석 글자를 가지고 자음의 이름을 알고 소릿값을 공부한다. 그다음 모음을 공부하고 자음의 첫소리와 받침으로 왔을 때 소릿값을 알게 한 다음 합쳐져서 나는 소리를 안다.

민재는 혼자 자석 글자를 조작해 보며 칭찬을 받고 재미를 느낀다. 처음에는 낱말 읽기에서 시작되지만 받아쓰기와 함께 짧은 한 문장 쓰기로 나아간다. 날마다 조금씩 늘어나는 실력에 고무되어 아이도 즐겁고 나도 보람을 느낀다. 이제 더듬더듬 비록 느리지만 글자를 읽을 수 있게 되었다. (위의 상상은 난독증 공부를 제대로 하기 전의 실력으로 상상해 본 것임.)

상상이지만 29년 전의 민재를 만나 날마다 재미있게 공부하며 그동안 가졌던 죄책감과 마음의 짐을 조금이나마 덜어냈다. 그 당시에는 난독증이 어떤 징후를 보이는지 어떻게 지도해야 하는지 전혀 연구된 바가 없었다. 그렇기 때문에 한글 지도에 열정을 가졌더라도 더 나아지게 할 수는 없었을 것이다. 그렇지만 담임인 내게 책임이 없는 것은 아니지 않는가!

민재가 어디서 무얼 하며 지내는지 궁금하다. 만약 만나게 된다면 정말 미안했노라고 사과하고 싶다. '민재야, 글을 모른 채 얼마나 불편을 겪으며 살았니? 5학년 담임으로 책임을 다하지 못해 정말 미안하다. 그때 너에게 글을 가르칠 상황이 좋지 않았더라도 글자를 읽을 수 있도록 끝까지 최선을 다했어야 하는데 그러지 못해 부끄럽다. 하지만 그럴 수밖에 없었던 나를 이해해 주기 바란다.'

출장을 낼걸

30대 후반까지는 승진할 생각이 없었다. 아이들을 가르치는 일이 즐거웠기 때문이다. 그 당시에는 선배나 동료를 만나면 연구학교나 보고서 등 승진점수 얘기가 주제였다. 그런 얘기를 들으면 염불보다는 잿밥에 관심이 많은 사람으로 보였다. 그런데 나이 40이 가까워지던 어느 날 문득 승진이 필요하다는 생각이 들었다. 50대 후반이 되면 젊었을 때와는 달리 교단에 서는 것이 자신이 없을 것 같았고, 가족에게도 가장의 면모도 보여주고 싶었다. 특히, 우리 아이들이 커서 결혼식 얘기가 오가면 아버지의 사회적 위치도 중요할 것 같았다.

급선무는 연구학교 점수를 얻는 일이었다. 연구학교는 수가 적어 특별히 노력하지 않으면 쉽게 기회가 오지 않는다. 승진을 생각하던 그 해에 교감에게 내신서류를 내겠다고 말했다. 그런데 학교에서는 나를 다음 년도에 표준화학교 업무 적임자로 찍고 있었다면서 떨떠름해 했다. 그런 일은 고생만 하지 아무런 반대급부가 없어서 서로 기피했다. 무엇보다 학교 운영의 편의를 위해 교사의 진로를 막을 수는 없지 않는가!

당시 초등교육계에는 열린교육이 매우 강조되고 있었다. 도지정 열린교육학교로 가려면 준비가 필요했다. 이유는 내가 가려고 하는 학교는 2년이나 군지정 연구학교를 운영했기 때문에 내가 열린교육에는 가장 문외한일 것 같아서다. 다행히 겨울방학에 서울에서 3일 동안 관련 연수가 있다는 공문이 왔는데 교육청에서 출장 여비를 지원해준다는 내용도 있었다. 그렇지만 다른 사람들에게 알리고 싶지 않아 출장은 내지 않고 그냥 갔다. 내성적이고 소심한 성격 탓이다. 아무도 모르게 갔다오려고 했는데 연수 장소에서 장학사를 만나고 말았다. 교육장이 열린교육에 관심이 많아 연수를 받으라고 했단다. '이제 내가 연수를 받았다는 사실이 여러 사람에게 알려지겠구나! 그럴 줄 알았으면 출장을 낼걸.'

다음 해 학교를 옮겨 6학년 담임을 맡았다. 4월 초쯤으로 기억한다. 교직원 협의회에서 교내 연구 수업을 해야 하는데 누가 할 것인지 의논했다. 물론 내가 지목되었다. 나이가 가장 어리다는 이유로. 다행히 겨울방학에 연수를 받았기 때문에 크게 걱정은 하지 않았다. 공개 수업의 교과와 단원은 사회과 역사단원이었는데 전문가 집단을 활용하는 직소우 수업을 했다. 수업은 의도한 대로 잘 되었다. "이웃 학교 선생님들을 초청해서 수업 방법을 확산시키시오." 수업 협의회에서 나왔던 교장의 총평이다. 얼마 후 지시대로 이웃 학교 선생님들을 초청하여 수업했다. 개인적으로 수업장학요원이기도 했지만 그해 여러 사람 앞에서 수업을 참 많이도 했다. 무려 열한 번 공개수업을 했으니 말이다.

소심하고 내성적인 사람이어서 다른 사람에게 드러내는 것을 좋아하지 않는다. 자기 광고를 잘 하지 못한다. 형식보다는 내용과 질을 추구한다. 혁신학교 5년을 근무하면서 알릴만한 학교 행사나 시책이 많았지만 한 번도 보도 자료를 쓰도록 지시하지 않은 것은 다른 사람을 힘들게 하지 않으려는 면도 있지만 내 성격이 드러난 것이다. 나만 잘하면 되었지 굳이 알리려고 하지 않기 때문이다. 하지만 논리적이고 계획적인 면은 강하다. 대범하지는 못하지만 깊게 생각하고 조심스럽게 접근한다. 따라서 실수가 적다. 그러나 간혹 외향적이고 과감한 성격이었으면 좋겠다는 생각을 할 때도 있다. 그랬으면 출장을 내고 당당하게 갔다오지 않았겠는가!

잡초는 친구

텔레비전을 즐겨보지 않는 내게 굳이 선호하는 프로그램을 꼽으라고 하면 '나는 자연인이다'라고 해야 할 것 같다. 이마저 가끔 채널권을 갖게 되는 경우 이 방송 저 방송 기웃거리다 운 좋게 찾았을 때 보는 정도이다. 자연 속에서 자유분방하게 살아가는 모습을 보면 대리만족을 할 수 있어 좋다. 시골이 고향이라 그런지, 아니면 그럴 나이가 되어서 그런지 계절의 변화에 따라 옷을 갈아입는 뒷산이 아름답게 보인다. 작은 풀꽃에도 눈길이 가는가 하면, 아파트 창문 너머로 보이는 시가지의 풍경이 시원스럽게 펼쳐져 있는 날은 마음도 맑아지는 것 같아 새삼 자연의 고마움을 느낀다.

은퇴 이후 귀농 귀촌 생활은 직장인들의 로망이라고 한다. 나 역시 오랜 기간 텃밭을 가꾸는 전원생활을 꿈꾸다가 몇 년 전 집에서 30분 거리에 있는 곳에 작고 허름한 농가 주택을 마련했다. 가정 경제를 고려하지 않은 무리한 결정이었지만 이 집을 놓치면 더 이상의 기회는 없을 것 같은 조급증도 한몫했다. 함석으로 된 지붕만 온전하게 보일 뿐 기울어진 기둥, 무너져 내린 창고, 허름해 보이는 내벽, 외벽 등 고쳐서 쓰기에는 너무나 낡은 집이었지만 많은 부분 업자의 손을 빌려 그럭저럭 고쳤다.

마당 한쪽에는 작은 화단과 텃밭을 만들고, 가운데에는 잔디를 심었다. 여기저기서 무거운 돌을 주워 와 화단 경계석을 쌓고 가운데다 징검돌도 놓았다. 몇 년이 지나고 나니 그 당시의 즐거움과 설렘은 어디 가고 이제는 해야 할 의무감이 더 많게 느껴진다. 오롯이 그곳에만 집중하는 것은 균형 잡힌 생활과는 거리가 있다고 판단하여 그곳에 쏟는 노력을 줄였다. 토요일이나 일요일 중 하루만 텃밭을 가꾸고, 잔디밭을 관리한다.

널따란 잔디밭을 보면 마음까지 시원하다. 하지만 관리하는 일이 생각만큼 쉬운 일은 아니다. 틈나는 대로 잡초를 뽑는다지만 어디서 왔는지 자꾸 생겨난다. '개망초'처럼 먼발치에서도 한눈에 드러나는 녀석은 쉽게 뽑을 수 있어 오히려 고맙다. 이 녀석도 무리를 이루어 피면 보기 좋지만 잔디밭에 드문드문 나 있으면 그저 잡초일 뿐이다.

잔디밭에서 눈에 잘 띄는 또 다른 녀석은 민들레다. 노란 꽃이 피는 서양 민들레와는 달리 토종 민들레는 흰 꽃이 핀다. 발견하기도 쉽지 않다. 그래서인지 이 녀석을 보면 반갑다. 민들레는 꽃이 피어있을 때는 예쁘지만, 홀씨가 날아가고 꽃대만 남아있으면 눈에 거슬린다. 그래도 우리 집 잔디밭에 자리잡은 이 녀석들은 맘씨 좋은 주인 덕분에 운 좋게 살아남는다

쉽게 눈에 띄는 잡초가 또 있다. 바로 토끼풀이다. 이들도 풀밭에 있을 때는 예쁘지만 잔디밭에서는 그렇게 보이지 않는다. 점령군처럼 금세 사방으로 세력을 넓혀가기 때문에 빨리 없애지 않으면 안 된다. 이들은 줄기로 번식하기 때문에 뿌리째 뽑으려면 시간은 많이 걸리지만, 그리 어렵지 않게 뽑을 수 있다. 줄기를 따라가면서 뽑을 수 있어서 재미도 쏠쏠하다. 이렇게 공을 들여 제거한다지만 일망타진은 어려운 일. 잔존 세력이 조금만 남아있어도 되살아나기 때문이다. 그래도 이 녀석들은 봐 줄 만하다.

잔디밭의 또 다른 점령군은 '피막이'이다. 잎 크기는 작은 손톱만 한데 언뜻 보면 이끼처럼 생겼다. 이들은 한마디로 잔디밭의 무법자다. 없애 버리려고 몇 번 마음을 먹었으나 그때마다 엄두가 나지 않는다. 뿌리까지 없애야 하는데 입과 줄기가 너무 약해서 뜯어지기만 할 뿐 뽑을 수가 없다. 어찌할 수 없어 화풀이로 잔디까지 쥐어뜯지만 금세 자란다. 처음에는 한쪽 귀퉁이만 차지하고 있는가 싶더니 순식간에 세력을 넓혔다. 무법자도 이런 무법자가 없다. 이 녀석이 살아가는 전략에 혀를 내두를 지경이다. 주변을 삽으로 파내고 잔디 보완을 하는 것이 좋을지, 잡초만 죽이는 농약을 할지 망설이다가 후자를 택했다. 그렇지만 농약 통까지 사 놓고 한 번도 써보지는 않았다. 주변의 나무한테 피해가 갈까 염려스러워서다.

언뜻 보아서는 잔디와 쉽게 구분되지 않지만 결국 제 모습을 드러내는 녀석도 있다. 바로 바랭이다. 잡초의 여왕답게 번식능력이 뛰어나다. 어릴 때는 잎 모양과 색깔이 잔디와 거의 흡사하지만 씨앗을 맺을 무렵에는 대를 쑥 밀어 올린다. 초기 변장술에 성공했을지 모르나 결국 실체가 드러나고 만 셈이다. 풀들의 생존전략에 놀라울 따름이다.

'세포아풀'도 잔디와 잘 구분되지 않는다. 그나마 어렸을 때는 색이 연한지라 자세히 보면 구별할 수 있다. 시간이 지남에 따라 초록색으로 변해서 찾기 어렵다. 그렇지만 씨앗을 맺을 무렵이 되면 이 녀석도 정체를 드러낸다. 재미있는 것은 한 포기를 발견하고 주변을 자세히 살펴보면 퍼져있는 다른 녀석들도 연달아 찾아낼 수 있다. 한 녀석 때문에 날벼락을 맞는 셈이다.

잔디밭의 잡초처럼 사람이 사는 세상도 이와 비슷한 것 같다. 어떤 사람은 개망초나 민들레처럼 집단의 구성원들과 생각이나 행동에서 눈에 확연히 드러나는 사람이 있다. 또 씨앗을 맺을 무렵에야 대를 밀어 올리는 풀처럼 평소에는 구성원들과 잘 지내는 것처럼 보이지만 이익이 눈앞에 있을 때 본색을 드러내는 사람도 있다. 기생충 영화에 나오는 기택의 가족처럼 박사장 집에 불순한 마음으로 들어와 자기 세력을 구축하고 아예 자기 집인 양 살아가는 사람은 피막이에 비유할 수 있겠다.

잘 관리된 잔디밭은 초록 양탄자를 연상시키며 마음까지 시원하게 해준다. 그런 호사를 누리기 위해서는 끊임없는 노력이 필요하다. 관리를 소홀히 하면 잡초 가득한 풀밭이 되고 말 것이니까. 잡초를 뽑을 때마다 녀석들에게 미안한 마음 없지 않다. 앙증맞은 꽃이라도 피어있을 때는 더욱 그렇다. 물론 그럴 때는 미안하다는 말을 잊지 않는다.

'변산교육공동체'를 설립한 윤구병은 '잡초는 없다.'고 했다. 인간이 필요에 따라 구분했을 뿐이란다. 생각해보면 지구가 상처 났을 때 가장 먼저 달려가는 것이 잡초다. 아는 만큼 사랑한다고 했다. 잡초를 유심히 살펴보면 개체마다 특징과 아름다움을 가지고 있다. 우리는 잡초의 가치를 아직 잘 모르기 때문에 늘 푸대접하지만 조금만 더 생각하면 분명 인간의 가까운 친구이다.

거미로 본 수저론

며칠 관사 청소를 게을리했더니 방바닥이 거칠거칠했다. 부엌방부터 청소기로 구석구석 먼지를 빨아들였다. '아뿔싸' 하마터면 방바닥과 벽을 연결하여 그물을 쳐놓은 거미까지 빨아들일 뻔했다.

주방, 거실, 안방과 작은방을 차례대로 청소한 다음 녀석을 밖으로 내보내기로 마음먹었다. 그물을 작게 치고 몸을 둥글고 작게 만 것으로 보아 아직 어린 녀석임에 틀림이 없었다. 청소기가 거미줄에 닿자마자 성큼성큼 움직이는데 체구에 비해 다리가 길다. 이런 녀석을 상처 없이 생포하는 데는 종이컵을 대신할 만한 것이 없다. 그동안 쓰고 버리기 아까워서 모아놓은 것이 현관 입구에 많아서 어렵지 않게 찾았다. 종이컵 두 개를 가지고 양쪽에서 조여들어 가면 녀석은 꼼짝없이 포로가 된다. '독 안에 든 쥐'가 아니라 종이컵 안에 든 거미다.

청소를 마치자마자 이 긴 다리 녀석을 관사 뒤편 벚나무 아래 낙엽이 수북하게 쌓여 있는 곳에 놓아 주었다. 이 녀석의 앞날을 생각하고 자리를 옮겨 주었지만, 나를 어떻게 생각할지 궁금하다. 비바람과 천적을 피할 수 있는 곳에서 편안하게 자리를 잡고 있는데 내보냈다고 할지, 아니면 그동안 쫄쫄 굶고 배고프게 살아왔는데 이제야 먹이가 풍부한 곳에 자리를 잡을 수 있어 다행이라며 고마워할지 모르겠다.

사실 거미를 밖으로 내보낸 것은 이번이 두 번째다. 방학을 마치고 오랜만에 관사에 오니 안방에 긴 다리 거미가 내 허락 없이 살고 있었다. 거미줄 아래쪽에는 까맣고 동그란 점 같은 것이 여기저기 떨어져 있는 것으로 보아 틀림없이 녀석의 배설물이었다. '먹이가 될 만한 것들이 없는데 뭘 먹었기에 분비물이 떨어져 있을까?' 아무리 생각해도 신기했다. 불쌍한 생각이 들어 밖으로 옮겨 줄까 생각했으나, 문득 방에 들어온 생명체조차 쓸어 내거나 쫓아내지 않고 함께 생활했다는 성철 스님이 떠올랐다.

허락 없이 방에 들어오기는 했지만, 특별히 해를 끼칠 것 같지 않아 며칠을 두고 보았다. 오가며 눈여겨봐도 거미줄에 걸린 곤충은 보이지 않았다. 그런데도 녀석은 꼼짝도 하지 않았다. 동그랗게 몸을 말고 먹이가 걸릴 때까지 기다리고 또 기다리는 것이다. '저렇게 오랫동안 먹지 않아도 괜찮을까?' 안 되겠다 싶은 생각이 들었다.

며칠 동안 거미를 지켜보면서 청년 백수가 늘어나는 요즘 세태를 비유한 '수저론'이 떠올랐다. 먹을 것 없는 내 방에 들어온 이 녀석은 사람으로 치자면 '흙수저'나 다름없다. 자리를 잘 못 잡아 하염없이 배를 곯고 있으니까. 반면에 어쩌다 운 좋게도 목이 좋은 곳에 거미줄을 친 녀석은 평생 배고픔을 모르고 살지 않는가! 처음부터 좋은 곳에 터를 잡은 놈들은 이른바 '금수저'다. 누구나 금수저로 태어나기를 바라지만, 이게 어디 마음대로 되는 일인가!

지금 우리 사회는 과거처럼 '개천에서 용'이 나는 시절이 아니다. '흙수저'에서 '금수저'가 되는 이른바, 인생 역전은 불가능에 가깝지만, 이 긴 다리 거미 녀석들은 내 손에 그들의 운명이 달려 있다고 생각하니 웃음이 나온다. 어쩌면 인간 역시 보이지 않는 절대자의 힘으로 흙수저와 금수저의 계급 차이가 생기는지도 모르겠다.

이왕 먹이가 풍부한 바깥으로 옮겨 주었으니 이 녀석들이 빨리 관사 뒤에 있는 벚나무 주변에 자리를 잡고 삶을 반전시켜 준 사람을 고마워하며 잘 살기를 바란다.

초록별이 고마운 아침

아! 얼마 만인가! 우리 지역에 8일간 초미세먼지 특보가 이어지면서 외출은 물론 숨조차 마음 놓고 쉴 수도 없는 날이 계속되었다. 가장 큰 원인은 중국에서 발생한 스모그가 한반도를 엄습해서다. 이제 일어나면 창밖으로 보이는 시가지의 모습을 확인하는 것이 일상이 되었다.

'오늘은 파란 하늘을 볼 수 있을까?' 아침마다 기대감으로 내다 보지만 온통 회색빛. 17층에서 보이는 하늘과 시가지는 희뿌연 먼지가 가득 낀 듯하다. 답답한 날이 계속되니 중국이 원망스럽다. 오래전엔 왜놈들이 못살게 굴더니, 앞으로는 되놈들 때문에 살아가기가 점점 힘들게 생겼다. 처음에는 길어야 2~3일이면 괜찮아지리라 생각했는데 거칠 기미가 보이지 않으니 불안하다.

'저 넓은 하늘을 어떻게 맑게 한단 말인가!' 초미세먼지용 마스크 쓰기를 권유하고, 외출을 자제하란다. 차량 2부제도 실시한다 등 크게 와 닿지 않는 대책이 대부분인데 땜질식 처방 같아 안타깝다. 가까운 미래에는 화생방 훈련에 필요한 방독면이나, 우주인들이 쓰는 산소 헬멧을 쓰고 다녀야 할지도 모른다고 생각하니 두렵기만 하다.

며칠을 이어가던 미세먼지 주의보가 어제는 오랜만에 '보통'이라고 예보했으나 예전만큼 아주 말끔한 상태는 아니었다. 오늘에야 비로소 예전의 상태로 회복되었다. 아침에 일어나 창을 열면서 쳐다보니 하늘과 시가지는 놀랍게도 누릿하면서도 뿌옇던 미세먼지도 볼 수 없었고 파란 하늘이 얼굴을 드러냈다.

오전에 지인 아들 결혼식에 참석하고 오후에나 뒷산에 오를 계획이었으나 미세먼지 없는 화창한 날씨라서 미룰 수가 없었다. 옷을 주섬주섬 챙겨 입고 나서려는데 강아지들이 데려가 달라고 따라나선다. 휴일이면 종종 주말주택에 함께 가는지라 외출하리라는 걸 눈치챈 모양이다. 두 마리 중 한 마리만 데려가려고 배변 봉투를 챙겨 호주머니에 넣었다. 그러나 산책을 즐기는 데 방해가 될 것 같아 혼자 가기로 마음먹었다. 모처럼 깨끗한 하늘을 오롯이 느끼고 싶은 마음이 커서다.

아파트를 나서는 발걸음이 가벼웠다. 산책로에 들어서니 아직 봄이 오지도 않았는데 정겹고 푸근하다. 산길 따라 길게 이어진 작은 골짜기에는 적은 양이지만 물이 흐르고 있었다. 맑고 투명하다. 산길을 걸으며 간간이 들리는 박새 소리도 반갑고 청아하다.

『새들이 떠나간 숲은 적막하다』는 법정 스님의 책이 생각났다. 새소리로 생동감이 느껴진다. 나무들은 새잎을 돋아나게 하려고 뿌리에서 물을 빨아올리는지 즐거워 보인다. 산책로 가까이에 연노랑 생강나무가 인사하며 반겨준다. 이제 겨우 3월 초순인데 꽃을 피웠다. 잎 하나도 없이 가지 끝 어느 곳에 꽃눈을 숨겨 두었을까? 그냥 지나칠 수 없어 두 번이나 "나무야 미안하다."라며 아래쪽에 작게 핀 꽃을 따서 코끝에 가져가니 연한 생강 냄새가 싱그럽다.

산 중턱을 오르며 만난 이름 모를 새도 정겹다. 8부 능선쯤 오르니 소나무 잎이 아침 햇살을 받아 밝은 연초록으로 빛난다. '아! 이렇게 고마울 수가! 햇빛을 받아 금빛으로 다가온다. 나도 모르게 해를 보며 손을 모아 합장했다. 햇빛이 있기에 초록 지구별이 존재할 수 있다고 생각하니 감사한 마음이 절로 들었다. 푸른 하늘, 맑은 계곡물이 늘 그 자리에 변함없이 계속될 줄 알았다. 떠나고 나서야 그 사람의 소중함을 아는 것처럼 자연을 더욱 소중히 아끼고 사랑해야 한다는 것을 다시금 깨닫는다.

군왕봉 정상에서 바라본 시가지는 언제나 그렇듯 차분하고 정겹다. 희뿌연 기색도 사라졌고 멀리 있는 담양의 병풍산, 추월산도 깨끗하게 보인다. 간단하게 체조를 하고 무등산을 바라보려고 자리를 옮겼다. 의자에 앉으려고 했더니 주변에 마시고 버린 비닐 팩 두어 개가 보였다. 근처에 있는 작은 쓰레기까지 주워 의자 한쪽에 모아두었으나 영 거슬린다.

뭐 담을 게 없을까 궁리해보니 주머니에 넣어둔 배변 봉투가 생각났다. 모아둔 쓰레기뿐만 아니라 주변의 작은 쓰레기까지 모두 주어

담았다. 점점 범위를 넓혀가다 보니 귤껍질이 언덕 아래쪽에 아주 많이 버려져 있었다. 경사가 급해 위험하기도 하고 봉투도 너무 작아 그것까지 주울 수는 없었다. 먹고 버린 과일 껍질은 보기 싫을 뿐만 아니라 말라서 비틀어져 거름도 되지 않는다. 즐길 줄은 알지만, 책임과 역할에 대해서는 소홀한 사람이 많다는 생각에 눈살이 찌푸려진다. '이럴 줄 알았으면 조금 더 큰 봉투를 챙겨올걸.' 다행히 누가 나무 밑에 쑤셔놓은 까만 비닐봉지가 있었다.

산을 내려오면서도 길옆에 있는 쓰레기를 보이는 대로 주웠다. 작은 병리를 방치하면 나중에는 큰 병폐로 이어진다는 '깨진 유리창의 법칙'이 생각났다. 깨끗한 상태에서는 쓰레기를 함부로 버리지 못하지만 하나, 둘 쓰레기가 많아지면 죄책감 없이 버리는 사람이 많게 될 것이다. 쓰레기는 어느새 비닐봉지에 가득했다. 캔, 물병, 과자 껍질, 휴지 등 종류도 여러 가지다. 아파트에 도착하여 분리수거를 하고 나니 개운하고 상쾌하다. 그동안 여러 차례 산에 오르면서도 눈여겨보지 않았기 때문에 쓰레기가 눈에 들어오지 않았다.

너무 당연하게 생각했던 일상이 우리가 어떻게 하느냐에 따라 달라질 수도 있다는 걸 이번 미세먼지 사태로 확연히 깨달았다. 밝은 햇빛, 상쾌한 바람, 맑은 공기, 청아하게 들리는 새소리, 맑고 투명한 시냇물, 포근하게 느껴졌던 나무와 숲, 이 모든 것이 새삼 고맙게 느껴진다.

미세먼지는 대기의 순환과정에서 다른 나라에까지 영향을 미친다.

처음에는 중국을 많이 원망했다. 환경 문제로 그쪽에 말 한마디 못하는 위정자들에게 책망도 했다. 하지만 현대를 살아가는 우리 개개인이 오염원이라는 생각이 든다. 이웃 나라, 정치하는 사람, 다른 사람을 탓하기보다는 내가 먼저 적게 갖고 적게 먹고 단순하게 살아야겠다.

봉투에 가득 쓰레기를 줍는 내내 즐거웠다. 이 작은 실천이 등산하는 다른 사람들에게 즐거움을 주고, 누군가에게 영향을 주는 나비효과도 기대할 수도 있지 않을까! 앞으로는 종종 쓰레기봉투를 들고 산에 올라야겠다.

최종호 수필집

내일이면 집을 지으리

인쇄 2022년 7월 25일
발행 2022년 8월 01일

지은이 최종호
발행인 서정환
펴낸곳 수필과비평사
주소 서울시 종로구 삼일대로 32길 36(익선동 30-6 운현신화타워 빌딩) 305호
전화 (02) 3675-3885 (063) 275-4000 · 0484
팩스 (063) 274-3131
이메일 essay321@hanmail.net
출판등록 제300-2013-133호
인쇄·제본 신아출판사

ISBN 979-11-5933-405-4 (03810)
값 13,000 원

Printed in KOREA

* 이 책은 전라남도 JeollaNamdo 전라남도 문화재단 의 후원을 받아 발간되었습니다.